Josef Griesbeck

ankommen

Neue Themen, Texte und Meditationen für gottesdienstliche Feiern

Josef Griesbeck

ankommen

Herder
Freiburg · Basel · Wien

Umschlaggestaltung: Finken & Bumiller
Bildmotiv: Tony Stone
Herstellung: Freiburger Graphische Betriebe
Gedruckt auf umweltfreundlichem,
chlorfrei gebleichtem Papier
ISBN 3-451-26788-8

Inhalt

Vorwort

Von einem Altvater wird erzählt, er habe siebzig Wochen in der Art gefastet, daß er jede Woche nur einmal aß . Einmal bat er Gott, etwas aus der Heiligen Schrift besser verstehen zu können. Aber seine Bitte blieb unerfüllt. Daraufhin wollte er zu seinem Bruder gehen und ihn fragen. Da erschien ihm ein Engel und dieser sagte: »Die siebzig Wochen, die du gefastet hast, haben dich Gott nicht nahe gebracht: jetzt aber, da du dich verdemütigt hast, zu deinem Bruder zu gehen, bin ich gesandt, dir die Stelle zu erklären. (nach: Lebenshilfe aus der Wüste, Herder 1980)

Allen gläubigen Menschen fällt es schwer, den Geist der Heiligen Schrift mit dem Leben im Alltag in Einklang zu bringen. Was die Schriftquellen und kirchliche Praxis bringen, zeigt sich im Konkreten oft ganz anders und kann auch im täglichen Glaubensleben nur selten ganz nachvollzogen werden. Eine Klage aus nicht wenigen Christenkreisen benennt zudem auch die Eintönigkeit heutiger Liturgie. Jugendliche sprechen salopp von »Kirchenmief« und »Immer dasselbe!« .

In diesem Buch wird der Versuch gemacht, Glaube, Liturgie und Handeln im Alltag zusammen zu sehen und einzubringen.

Die Vorschläge, Texte und Gebete im ersten Teil sind auf die einzelnen Teile gottesdienstlicher Feier zugeordnet. Einige lehnen sich an herkömmliche Vorlagen an, andere werden mit zeitgemäßer Ausrichtung eingebracht und können auch kreativ und vielgestaltig genutzt werden.

Meditative Formen und Angebote sind in den vielschichtigen Formen wie Frühschichten oder Vespern im weitesten Sinne des Glaubensbereiches nicht mehr wegzudenken. Die Vorlagen im zweiten Teil dieses Buches sind praxiserprobt, jahreszeitlich geordnet und können bevorzugt bei verschiedenen liturgisch-orientierten Möglichkeiten Verwendung finden.

Der dritte Teil in diesem Buch trägt dem Rechnung, daß Gottesdienst im weitesten Sinne Dienst am Menschen und erstrangig im geschwisterlichen Miteinander möglich ist. Die vielen Texte, Methoden und Anstöße sind wertvolle Grundlagen für die vielgestaltigen Angebote bei verschiedenen Anlässen und im gottesdienstlichen Bereich.

Diese drei Bereiche in diesem Buch sind in ihrer Art eigenständig, gehören aber von ihrer Zielrichtung und Einsatzmöglichkeit her zusammen. Es soll und darf Spaß machen, darin zu schmökern, auszuwählen, zu variieren und für gottesdienstliche Feiern gewinnbringend einzusetzen.

So hoffe ich, daß die Texte und Vorschläge bei Ihnen ankommen und auch bei jenen, die große Erwartungen für ihr Leben und an Angeboten in kirchlichen Kreisen haben. Aller Einsatz soll Erfolg haben und ankommen, damit das Leben sich entfalten kann und Sinn gibt. Und immer soll dabei auch Gott ankommen.

Josef Griesbeck

I Gottesdienstliche Feier

Anfangen

Jeder Anfang ist schwer und besonders auch immer wieder, wenn sich eine Gemeinde zur gottesdienstlicher Feier trifft. Von daher ist es wichtig, daß sich die Verantwortlichen und die Leitung auf einen guten Anfang vorbereiten.

Es ist so wie bei einer Party oder einem Fest: Wenn die Hausleitung noch in der Küche beschäftigt ist und für die Dekoration sorgen muß, fühlen sich die ankommenden Gäste nicht angenommen und im Haus verloren. Gerade weil die meisten Gottesdiensträume »unterkühlt« sind und eine kommunikationsfeindliche Ausrichtung haben, ist eine zu schaffende Atmosphäre wichtig, die allen das Gefühl des Angenommenseins vermittelt.

Draußen vor der Tür

... kann eine Feier beginnen. Die Ankommenden haben auf diese Weise die gute Möglichkeit, wenigstens Freunde und Bekannte zu begrüßen und kurze Worte auszutauschen.

Dann folgt die allgemeine Begrüßung und eine Hinführung zur heutigen Feier. Nach dem Anfangssegen ziehen alle gemeinsam ein.

Wir beginnen

und bekannterweise immer
mit dem Namen des Vaters,
des Sohnes
und des
Heiligen Geistes.

In wessen Namen
sollten wir sonst beginnen?
In unserem eigenen Namen?
Oder im Namen eines Ideal?
Lieber dann schon
Namenslos.

Im Namen des Vaters heißt,
einen Vater haben,
der mit uns ist
wenn wir beisammen sind.
Wir haben
einen Vater!

Im Namen des Sohnes
werden wir lebendig.
Bekommen alles
was wir brauchen.
Wir haben
einen Sohn.

Im Namen des Geistes
sind wir geheiligt.
Miteinander werden wir
eines Geistes.
Wir haben
einen Geist.

Minute der Besinnung

Wenn man sich zur gottesdienstlichen Feier trifft, dann sind die Menschen wohl körperlich anwesend, aber ihre Gedanken und Gefühle sind oft noch mit dem gefüllt, was Zuhause und auf dem Weg lebendig war.

Um ganz anzukommen und sich einzufinden, halten wir jetzt eine Minute Stille.

Zeichen des Festes

Bei Hochzeiten und Vereinsfeiern werden zu Beginn an alle TeilnehmerInnen Anstecker oder andere schön gestaltete Zeichen ausgegeben. Das kann auch und besonders zu einer gemeinschaftlichen Feier des Gottesdienstes geschehen:

Ein buntes Band, das dann später auch als Regenbogen ausgelegt und geschwungen werden kann. Auch: Kurze Wollfäden mit den Regenbogenfarben der Reihe nach auf eine Sicherheitsnadel auffädeln. Oder ein Band als »Lila Stola«, das Erkennungszeichen der Frauen für eine Gleichberechtigung in der Kirche.

Eine Kerze, die dann alle an der großen Kerze am Eingang entzünden.

Eine Blume, die man sich ins Knopfloch oder ins Haar stecken kann.

Einen Farbtupfer auf die Handoberfläche, Stirn oder (z.B. beim Fasching) auf die Nase.

Im Anfang

Im Anfang war das Wort:
Stimme, Laut, ein Freudenschrei.
Das Wort war bei Gott
und er machte es lebendig.

Am Anfang war das Licht:
Funke, Strahl, ein Morgenstern.
Das Licht war bei Gott
und er schuf das All und diese Welt.

Mit Jesus fing es an:
Liebe, Heil und Gottes Reich.
Er gab uns sein Wort,
und noch immer ist er uns nah.

Zum Anfang sei ein Lied:
Summen – eine Melodie.
Gott, dir singen wir,
unser Lob für alles Leben.

Zwischenruf

Die » Ein-Raum-Kirche« hat sich auch deswegen durchgesetzt, weil das Einfinden und Versammeln im Vorfeld der gottesdienstlichen Feier immer schwieriger geworden ist und nachher alle sogleich wieder davongeeilt sind. Die inzwischen vielfach geschaffenen Gemeinderäume für das » Nachher«, für eine Agape, werden kaum genutzt und ein Statio-Raum, der in manchen alten Kirchen noch vorzufinden ist, ebenso nicht. Beliebt und mancherorts wieder eingeführt werden dagegen die breiten Mittelgänge in Kirchenräumen, damit ein feierlicher Einzug jener möglich ist, die sich dann in ihre Apsis zurückziehen, die zumeist deutlich von den anderen Mitfeiernden abgesetzt ist. So gesehen kann daher von einer Zweiteilung des Gottesdienstraumes gesprochen werden.

Kommt in den Kreis

Wir fangen an, kommt alle in den Kreis;
wer kann und will, von Gottes Liebe weiß .

Sei auch willkommen, wenn dich Zweifel drängen –
die Hände leer oder voll von Zwängen.

Ob arm ob reich, jung, ratlos oder alt,
wenn du hoffst oder wenn dein Glaube ist schon kalt.

Bring selbst dich mit, von allem was du hast
und lege ab, die Hetze und die Last.

Seid eins im Geist, nehmt euch jetzt an der Hand
und brecht das Brot, wir sind im Gottesland.

Das Fest beginnt, auch Gott ist mit dabei;
tanzt und seid froh, daß Friede mit uns sei.

Licht-Segnung

Beim Einzug haben wird eine Kerze mit hereingetragen: Wir möchten diese jetzt entzünden und damit zum Ausdruck bringen, daß wir aus einem Dunkel der vielen Wege in das Licht der Gemeinschaft gehen wollen. Bevor wir diese Kerze nun entzünden, sprechen wir:

Aus dem Dunkel hin zum Licht
Du unser Gott, wir rufen dich.

Die groß e Kerze wird entzündet. Dieses Licht wird durch die Reihen gegeben. Alle sollen einige Sekunden dieses Licht tragen und schauen. Dazu werden nachfolgende Texte gesprochen:

1. Licht für den Tag und alle Dunkelheiten.
   Hell unsere Herzen und das Miteinander.

Alle:
Aus dem Dunkel hin zum Licht,
Du unser Gott, wir rufen dich.

2. Ursprung aller Dinge, Licht der Welt.
   In deinem Lichte sehen wir das Licht (Ps 36,10).

Alle:
Aus dem Dunkel hin zum Licht,
Du unser Gott, wir rufen dich.

3. Dein Wort ist Licht auf unserem Wege (vgl Ps 119,105).
   Hinters Licht kann uns niemand führen.

Alle:

Aus dem Dunkel hin zum Licht,
Du unser Gott, wir rufen dich.

4. Mit unserem Gott sind wir Feuer und Flamme
und zünden darum andere Lichter an.

Alle:

Aus dem Dunkel hin zum Licht,
Du unser Gott, wir rufen dich.

5. Das Licht ist in die Welt gekommen.
Alle Wahrheit ist darin zu finden.

Alle:

Aus dem Dunkel hin zum Licht,
Du unser Gott, wir rufen dich.

Wasser

Aus einem Krug wird Wasser in ein kleines Becken gegossen. Alle sollen das Becken und den Vorgang sehen können.

Unser Gott,

du hast das Wasser geschaffen, damit es uns erfrische, reinigt und unser Leben erhält. So wie du der Frau am Jakobsbrunnen das lebendige Wasser gegeben hast, so tauche auch uns ein in das Wasser und deinen Geist, damit wir mit dir Gemeinschaft haben.

Wir geben jetzt das Wasser in kleinen Schälchen durch die Reihen. Wer das will, kann eintauchen und damit Stirn und Hände befeuchten. So wie dieses Wasser jetzt in diesem Becken zusammengehalten wird, so sind wir dann alle verbunden mit dem einen Wasser und dem Heiligen Geist.

Laßt uns wie Bruder, Schwester sein

Laßt uns wie Bruder, Schwester sein
und nicht nur reden so zum Schein.
Blind gehen wir oft durch das Leben,
ohne die Menschen neben uns zu sehen.
Mit der Kritik da sparen wir auch nicht
und sehen nur uns im guten Licht.

Laßt uns wie Bruder, Schwester sein
und nicht nur reden so zum Schein.
Seid umschlungen Millionen!
Aber wenn sie dann wirklich kommen,
dann schicken wir sie wieder fort,
zur Folter an ihren Heimatort.

Laßt uns wie Bruder, Schwester sein
und nicht nur reden so zum Schein.
Verschieden die Konfessio
deshalb keine Kommunio.
Man sagt, die Zeit sei noch nicht da
und das seit nun schon 50 Jahr.

Laßt uns wie Bruder, Schwester sein
und nicht nur reden so zum Schein.
Nicht ich bin hier und du bist dort,
Geschwisterlichkeit an jedem Ort.
Deshalb gebt allen hier die Hand:
Bruder, Schwester, ein Menschenband.

Lob

Lob macht froh!

Wenn ich mir die Mühe machen würde, an einem Tag alles aufzuschreiben, was an Lob ausgesprochen und wieviel Kritik ausgeteilt wird, würde ich sehr zum Nachdenken kommen. Dabei kann angenommen werden, daß zusätzlich » hinter dem Rücken« vieles gesagt wird und das ist gewiß zum großen Teil das Gegenteil von Lob.

Vieles, was die Menschen arbeiten, reden und unternehmen, dient nur dem Ziel, Lob und Anerkennung zu bekommen. Gerade weil das Loben einen wichtigen Lebenswert darstellt, sollen wir dies nicht so stiefmütterlich behandeln.

Wie gut, daß es im Gottesdienst den Lobpreis gibt!

Unser Lob

– abwechseln zu sprechen –

All unser Lob gehört nur dir,
zum Zeichen unseres Dankes klatschen wir.
(Pause zum klatschen)

In Achtung wir uns vor dir neigen
und in Bescheidenheit uns zeigen.

Du bist groß im Himmel und auf Erden,
überall soll dein Reich verkündet werden.

Mit dir ist das Heilige und der Geist
und dein geliebter Sohn zu allermeist.

Einmal sehen wir dich im vollem Glanz,
dann sind wir erlöst und bei dir ganz.

Kirchen-Laola

Abschließend folgt die Kirchen-Laola:

Je nach Sitzordnung:

a) Von vorne nach hinten (bei Kirchenbänken):

Die ersten Reihen beginnen zu klatschen und lassen dann mit einem »Lobesschrei« schwungvoll die Arme von ganz unten nach oben durchschwingen. Unmittelbar setzt die nächste Reihe ein und dann die dritte. Und so weiter, bis die Welle hinten angekommen ist. Wiederholungen!

b) Schlangenlinienförmig (Kirchenbänke):

Die erste Person der vordersten Bank außen beginnt mit der Welle. Diese setzt sich dann auf der anderen Seite der zweiten Bankreihe fort. Und so weiter.

Dazu ist es notwendig, daß alle die fortlaufende Welle besonders im Auge behalten.

c) Im Kreis herum:

Ebenso wie oben, alles geht im Kreis herum.

Gloria Dei

Leitung:

Gloria dei – Unsere Freude ist mir dir.

Alle:

Gloria dei – Unsere Freude ist mir dir.

1. Du bist in unsere Welt gekommen,
gesandt von Gott, dem Vater aller Dinge.

Alle:

Dominus deus – wir lobsingen dir .

2. Im gelobten Land wurdest du geboren,
ohne Pomp und arm, wie viele auf der Welt.

Alle:

Domini fili – wie schön, daß du geboren bist.

3. Eine gute Botschaft hast du uns gebracht,
die uns froh macht, vom Erdenleid erlöst.

Alle:

Adoramus de – deine Treue leuchtet uns.

4. Gestorben für die Liebe dieser Welt,
gegen Unrecht und Gewalt der Menschen.

Alle:

Laudamus de – unbeschreiblich deine Liebe.

5. Eingegangen in das Reich der Himmel
und zugesagt, uns einmal auch zu holen.

Alle:

Quoniam sanctus – wir freuen uns mit dir.

6. Du lebst immer noch bei uns,
wenn wir von dir reden und dich feiern.

Alle:

Sancto spiritu – Segensvoll dein Geist.

Gemeinsam:

Gloria dei – Unsere Freude ist mir dir.

Sage auch du dein Lob

Bei einer Beerdigung wird meistens viel gelobt: Ihr Leben war erfüllt von Sorge für ihre Kinder; Arbeit und Pflichterfüllung waren seine gelebten Jahre; vorbildhafter Einsatz im Verein.

Am Arbeitsplatz wird selten gelobt. Eher und oft wird dort Kritisches angemerkt: Der Termin wurde nicht eingehalten; ein Fehler wurde entdeckt und das Soll nicht erreicht.

Eine Bankangestellte berichtet: » Wir werden darauf getrimmt, zu den Kunden freundlich zu sein und auch jene zu begrüßen, die in den Schalterbereich kommen und wir nicht unmittelbar bedienen. Diese unsere Chefs aber machen das Gegenteil. Wenn die bei mir anrufen, dann sagen sie beispielsweise keinen Gruß, nur die sachliche Mitteilung und legen dann wieder den Hörer auf, ohne ein Wort der Verabschiedung zu sagen. Unser oberster Chef sagte neulich: » Ich lobe niemanden, weil das nur Faulheit erzeugt. Ich respektiere und anerkenne nur!«

Was gerade gesagt wurde, hat uns alle sehr zum Nachdenken angeregt. Aber Reden allein reicht nicht. Das ist es ja gerade oft, daß wir über etwas reden und nachdenken und dann bleibt alles so wie es immer war.

Wir möchten daher heute den Versuch machen, hier und jetzt ein Lob auszusprechen. Dazu kann man zu jemandem im Raum hingehen oder das auch bei den nebensitzenden Personen tun. Aber vielleicht ist es gut, wenn man zu jemandem geht, mit dem man noch wenig oder keinen Kontakt gefunden hat. Einfach sagen, was dir an ihm oder ihr gefällt, zum Beispiel das Blau in den Haaren. Auch: Ein Danke für die Hilfe von gestern oder daß man sich gut miteinander versteht.

Vorher soll aber eine kurze Zeit zum Nachdenken sein.

Lob sei dem Schöpfer

Lob sei dem Schöpfer für die Menschen, die immer wieder das Gute suchen und sich für das Leben aller Menschen einsetzen.

Alle: Lob sei unserem Schöpfer

Lob sei dem Schöpfer für alle Tiere und Pflanzen, die im Kreislauf der Natur und mit uns leben.

Alle: Lob sei unserem Schöpfer

Lob sei dem Schöpfer für die Berge und die Meere, die unserer Erde Schönheit und Gestalt geben.

Alle: Lob sei unserem Schöpfer

Lob sei dem Schöpfer für das Wasser, das den Durst aller Lebenden stillt und die alle Trockenheit und Dürre in uns immer wieder neu belebt.

Alle: Lob sei unserem Schöpfer

Lob sei dem Schöpfer für das Licht, das uns die Farben zeigt und Leuchtkraft und Energie zum Leben bringt.

Alle: Lob sei unserem Schöpfer

Lob sei dem Schöpfer für den Wind, der die Ähren befruchtet und die Wellen im Meer antreibt.

Alle: Lob sei unserem Schöpfer

Lob sei dem Schöpfer für die Blumen und Früchte, die uns erfreuen und Nahrung spenden.

Alle: Lob sei unserem Schöpfer

Lob sei dem Schöpfer für Jesus, den menschgewordenen Gott, der uns zur Wahrheit und zur Auferstehung in Gott führt.

Alle: Lob sei unserem Schöpfer

Lob sei dem Schöpfer für den Geist, der uns immer wieder zum Neuen und zu einem besseren Leben antreibt.

Alle: Lob sei unserem Schöpfer

Lob sei unserem Gott, dem Schöpfer des Kosmos und allem Sein im All und auf unserem Planeten.

Alle: Lob sei unserem Schöpfer

Zwischenruf

In vielen Kirchenlobliedern wird aufgefordert, laut und froh den Herrn zu preisen. Schön wäre es ja! Die Loblieder werden in den Kirchen zumeist sehr leblos und monoton gesungen. Geschweige erst, daß man dazu lacht, tanzt oder mitklatscht. Ich kann mir nicht vorstellen, daß ich jemanden lobe und dabei ernst und traurig dreinschaue, ohne ein Strahlen im Gesicht zu zeigen. Zudem gibt es kirchliche Vorschriften, die sogar festlegen, welche Begriffe und Redewendungen darin vorkommen müssen. Hinzu kommt, daß viele ein » Ehre sei Gott in der Höhe« weder gedanklich fassen, noch mit einem frohen Lob verbinden können. Mit den Ausdrucksweisen wie » Hosiana« oder » Gloria« wird auch vielfach nur ein kirchensäuerliches Frohlocken verstanden und verbunden.

Gloria

1. Alle Ehre bringen wir dir unserm Gott
von dem der Friede kommt und alle Liebe.

2. Du bist der Heilige, heilig bist du

3. Wir nennen dich unseren Gott, dafür sind wir froh,
gut daß es dich gibt, daß du uns vergibst.

1. Du bist der Heilige, heilig bist du

2. Es ist so schön, geschaffen und geliebt zu sein.
Weil wir deiner würdig sind, wollen wir auch würdig leben.

3. Du bist der Heilige, heilig bist du

1. Mühsam ist es oft auf dieser deiner Erde,
   doch sie ist auch schön und wunderbar.

2. Du bist der Heilige, heilig bist du

3. Alles was wir brauchen, haben wir:
   Brot und Wein, Geborgenheit und Liebe.

1. Du bist der Heilige, heilig bist du

2. Wir beuten diese Erde aus und du leidest;
   so kann nur ein Gott Vater sein.

3. Du bist der Heilige, heilig bist du

1. Den Kranken und den Müden gibst du Kraft.
   So kann nur ein Gott Mutter sein.

2. Du bist der Heilige, heilig bist du.

3. Weil wir deiner würdig sind,
   wollen wir auch würdig leben.

1. Du bist der Heilige, heilig bist du

2. Du führst uns einmal ins gelobte Land,
   deine erhabene Größe wir dann schauen.

3. Du bist der Heilige, heilig bist du

Verkündigung

Vom Monolog zum Dialog

Was haben Monolog und Dialog gemeinsam? Das »log«! Nur eine Scherzfrage!? Richtig gelogen wird in der Regel weder bei Monologen noch bei einem Dialog. Doch muß gesehen werden, daß die nach »Kanzelworten« orientierten Kirchenlehrer und Prediger so manches im guten Glauben eingebracht haben, was sich nicht selten um einiges von dem entfernt hat, was der Wahrheit diente. Auch so manche Religionseiferer und jene, die vielleicht redlich nach der Wahrheit gesucht haben, konnten oft das nicht finden und bringen, was wirklich dem Geiste Jesu entsprach.

Der Monolog hat ausgedient und stellt in den allermeisten Bereichen keine taugliche Möglichkeit mehr dar, Gegebenheiten und Erfahrungen an andere weiter zu geben! Man kann fast schon sagen, je größer der Teilnehmer- bzw. Zuhörerkreis ist, desto notwendiger ist eine multilaterale » Verkündigung« . Besonders die Christen mit ihren vielen Fragen nach dem Zeugnis Jesu und der Suche nach christlicher Lebensgestaltung sehnen sich nach für sie brauchbare Antworten. Der Monolog läßt aber keine Fragen zu und von daher können im Prinzip auch keine Antworten gegeben werden.

Nach dem Evangelientext

Dein Wort ist uns zugesagt,
hat ein Samenkorn in uns gesetzt.
Wir halten uns ganz fest daran
und den Gottes Spuren folgen wir.

Dein Wort begann zu keimen,
hat uns nun zu neuem Geist geweckt.

Daraus wächst ein neues Leben
und die Sehnsucht nach dem Gottesland.

Dein Wort steht uns in Blüte,
bringt Duft in unsere Alltagswelt.
Es wirkt in uns, läßt uns träumen
und gibt uns Kraft zu neuem Handeln.

Dialoge Verkündigung

Lukas 9, 18 Kapitel:
Jesus betete einmal in der Einsamkeit und die Jünger waren bei ihm. Da fragte er sie: » Für wen halten mich die Leute?«

Der oder die InterviewerIn sollte im Gottesdienstraum mit oder ohne Mikrophon zu den Leuten hingehen. Alle Befragten sollen die Fragestellung schon vorher kennen und ihre Bereitschaft zur Beteiligung gegeben haben. Ganz besonders sollten aber jene berücksichtigt werden, die sich durch Handzeichen melden.

Mögliche Fragestellungen:

- Manche Menschen meinen, daß dieser Jesus ein toller Mann war, aber sie glauben nicht, daß er von Gott zu uns Menschen gesandt wurde und – wie man sagt – in den Himmel zu seinem Vater aufgefahren ist. Was meinst du dazu oder was glaubst du?

- Wenn Jesus heute in unserem Landkreis leben würde, welche Beziehung zu ihm könntest du dir vorstellen?
  - Ein Anhänger und Jünger werden (weil...)
  - Kritischer Beobachter
  - Gleichgültig

- Christen glauben, daß Jesus auch heute unter uns Menschen lebt. Welches Verständnis hast du dazu bzw. hinter welcher der nachfolgenden Aussagen stehst du?

a) In Gestalt von Brot und Wein in der Eucharistie kommt Jesus zu uns.
b) Immer wenn zwei oder drei in Jesu Namen sich versammeln, ist er unter ihnen.
c) Sein Geist ist jederzeit und immer unter den Menschen.

• In welcher Situation hast du in deinem Leben schon einmal die Anwesenheit oder das Wirken Jesu in dir gespürt?

• Wenn Jesus heute in dieser Gemeinde leben würde, was wäre ihm deiner Meinung nach wichtig und was würde er konkret tun? (auch Pfarrer, Messner usw. fragen)

Posititonspredigt

Im Gegensatz zur herkömmlichen Predigt bereiten sich mehrere Personen darauf vor. Dabei ist eine eingehende Auseinandersetzung mit dem jeweiligen Evangelientext unbedingt notwendig mit dem Ziel, die verschiedenen Gesichtspunkte und Positionen heraus zu arbeiten. Das ist in der Regel immer möglich, denn es gibt fast immer verschiedene Sichtweisen, die hier bei dieser Methode besonders gesucht und hergeholt werden sollen.

Danach werden » Rollen« insofern verteilt, daß alle eine Position suchen bzw. in eine gegebene Rolle schlüpfen. Diese werden dann nach dem Evangelientext vorgetragen. Wenn es irgendwie möglich ist, soll das in freier Rede geschehen.

Vorlage-Beispiel mit dem Gleichnis vom Unkraut unter dem Weizen (Mt 13,24ff)

Ein Mann säte guten Samen auf sein Feld. Während der Nacht streute sein Feind Unkraut unter den Weizen. Da sagten die Knechte zu ihm: Sollen wir gehen und es ausreißen? Er antwortete: Nein, sonst reißt ihr zusammen mit dem Unkraut auch den Weizen aus. Laßt beides wachsen bis zur Ernte.

Position 1
Das würde für unsere Zeit bedeuten, daß die Landwirte keine Spritzmittel mehr einsetzen dürften, um Unkraut und Schädlinge zu bekämpfen. Der Ertrag würde in der Folge dann um mehr als die Hälfte sinken.

Es geht auch nicht nur darum, daß Unkraut dem Weizen den Platz und die Nährstoffe wegnehmen. Eine reife Distel beispielsweise verbreitet über den Wind hunderte von Samen im ganzen Umfeld. Von daher dürfte es bei Matthäus nicht heißen, daß der böse Feind den Samen gesät hat, sondern durch das Gewährenlassen kamen die Unkrautsamen in das Weizenfeld.

Position 2
Ich höre aus diesem Text, daß man den Mörder und den Schlägertypen gewähren lassen sollte. Irgendwann wird dann auch für sie einmal die Zeit kommen, wo sie ihre Strafe erhalten oder das Unrecht einsehen.

Auch dürften dann Väter nicht mehr von den Familien genommen werden, wenn sie sich an den eigenen Kindern vergangen haben und den Terrorist müßte man gewähren lassen, weil bei einer Bekämpfung immer auch andere in Mitleidenschaft gezogen werden.

Position 3
Für mich stellt sich die Frage, ob Jesus das wirklich so gemeint hat, wie es Matthäus aufgeschrieben hat und wie wir das heute lesen. Jesus hat ansonsten auch nicht so geredet und gehandelt. Er sagte beispielsweise zur Ehebrecherin, daß sie von nun an nicht mehr sündigen soll und er hat die Händler aus dem Tempel geworfen. Ist das nicht ein direktes Eingreifen noch bevor die Ernte und das Jüngste Gericht gekommen sind?

Position 4
Als Jesus dem reichen Jüngling ein Angebot machte, hatte er ihn weder bedrängt noch mit Druck gefügig gemacht. Er hat ihn gehen und gewähren lassen. Etwas unternehmen ja; aber auch das gelten lassen, was ist.

Ich sehe auch noch das, was über unsere alltägliche Sichtweise und Empfindungswelt hinausgeht. In »Briefe an den lieben Gott« schreibt Anna: Nur Gott ist es möglich, alle Standpunkte gelten zu lassen.

10-Sekunden-Predigt

Zehn Sekunden deswegen, weil Anwesende in nur 10 Sekunden zu einer vorgelesenen Textstelle etwas sagen sollen und zwar:
»Welche Aussage ist dir wichtig und warum«

(diese Methode muß vor dem Lesen des Evangeliumtextes bekanntgegeben werden; oder: Textstelle ein zweites Mal lesen).

Mauschelgruppen

Nach dem Evangelientext sollen sich immer 4 – 6 Personen zusammentun und über die Textstelle reden. Bei Bankreihen sollen sich immer zwei zur Seite drehen und mit zwei Personen von der dahinterliegenden Bankreihe das Gespräch suchen. Dauer: Höchstens zehn Minuten. Es kann richtig sein, daß wichtige Erkenntnisse oder aufkommende Fragen im großen Kreis ausgesprochen werden. Das darf aber nicht dazu führen, daß nun langatmig nach Antworten gesucht wird oder eine Ausweitung in eine große Gesprächsrunde folgt.

Predigt-Erfahrungen

die anschaulichste Predigt	der Pfarrer brachte eine Rose mit
die glaubwürdigste Predigt	die Predigerin erzählte von ihren Fastenerfahrungen
die aufregenste Predigt	die hübsche Predigerin hatte einen Schlitz im Kleid
die unglaubwürdigste Predigt	über Obdachlose und im Pfarrhof stehen viele Zimmer frei

die spannenste Predigt	beginnend mit einem aktuellem Vorgang
die hilfreichste Predigt	eine Idee, die ich für mein Leben brauchen konnte
die praxisbetonte Predigt	viele erzählten von ihren Glaubenserfahrungen
die kurzweiligste Predigt	als ich aufwachte, sprach der Prediger gerade das Amen
die kürzeste Predigt	nur ein treffendes Zitat zum Thema und dann Stille
die längste Predigt	Nichtssagendes in Variationen immer wiederholt
die empörendste Predigt	eine einseitige parteipolitische Aussage
die angenehmste Predigt	als einmal keine war
die hilfreichste Predigt	als der Pfarrer mit an der Spitze einer Demo gegen die Schließung eines örtlichen Betriebes ging

Zwischenruf

Das fünfte Evangelium

Gesetzt den Fall, die vier Evangelien wären vor einigen Jahrzehnten verloren gegangen. Vielen Christen wäre es sicherlich ganz wichtig, daß jemand das Leben und Wirken Jesu neu niederschreibt.

- Hätten die Prediger von 1960 ein Evangelium niederschreiben müssen, dann hätten sie mit hoher Wahrscheinlichkeit und ganz selbstverständlich die Veronika erwähnt, die Jesus das Schweißtuch dargereicht hat.

- Müßten die Kindergarten-Kinder ein Evangelium niederschreiben, dann würden sie möglicherweise erwähnen, daß Jesus in einem Stall geboren wurde und ein Ochse und ein Esel dabei waren.

- Exegeten würden beispielsweise die Stelle bei Matthäus 22, 11 vom hochzeitlichen Kleid weglassen, weil sie davon überzeugt sind, daß diese erst viel später eingefügt wurde.

- Traditionell geprägte Christen würden bestimmt mit aufnehmen, daß Jesus persönlich seine leibliche Mutter zur Himmelskönigin ernannt und eine fertige Kirchenstruktur geschaffen hat.

- Christliche »Freigeister« würden einfließen lassen, daß es mit den Wundern und der Auferstehung ganz anders war.

- Und welches fünfte Evangelium würden wir schreiben?

Wenn sie doch einmal kämen

Nicht nur Dreikönigstag!

Wenn sie doch einmal kämen,
die Seher aus dem weisen Land
und sagen würden, wie es war
und mit Myrrhe und mit Gold.

Für mein Zuhause: Mansionem
Bededicat, Segen für uns alle.
C wie Christus, Jesus Christus.
C+M+B – Segne unser Haus.

Wenn sie doch einmal kämen,
die Seher aus dem weisen Land.
Hoffentlich mit einem guten Stern
und ihr Blick so rein wie Gold.

Bekenntnis

Fast jeden Tag und meistens sogar öfter werden die Menschen gefragt, wozu sie stehen, was sie von dieser oder jener Sache halten und was ihnen wichtig ist.

Auch wenn die Christen sich zur Gemeindefeier versammeln, steht das Glaubens-Bekenntnis an und wird nicht selten routinemäßig absolviert. Besonders diesen Teil des Gottesdienstes meinen jene Leute, die klagen: Jeden Sonntag dieselbe Leier!

Verkannt wird, daß Christen und GottesdienstbesucherInnen weniger ein Bekenntnis einbringen wollen und sich dafür mehr Überzeugungsaktivitäten wünschen. Es wird auch zunehmend die Frage gestellt, warum man immer und überall bekennen muß, wenn eine Lebensfeier und Liturgie gesucht wird.

Glaubens-Fragen
– im schnellen Vortragston / Rap –

Ist es wirklich wahr,
daß es einen Gott gibt, diesen einen;
der diese Erde schuf und läßt die Sonne scheinen?
Daß er seit Anfang ist und ewig sei:
Vater, Sohn und Geist, diese drei?

● Soll das wirklich alles wahr sein,
daß Gott es zuläßt, diese Erde auszubeuten
und es gelten läßt, ihn umzudeuten?
Daß alle Menschen sind von ihm geliebt
und wer zuletzt kommt, auch den Taler kriegt?

Ist es wirklich wahr,
daß die Liebe stärker ist als Haß und Neid
und ein gutes Wort die Kranken heilt?
Daß Beten verbindet Himmel und die Erde
und ich einmal auferstehen werde?

- Soll das wirklich alles wahr sein,
daß damals Gott uns seinen Sohn gesandt
und dieser siegreich von den Toten auferstand?
Daß das Kreuz auch mich erlösen kann
und der große Geist mein Lebensskript ersann?

Ist es wirklich wahr,
daß der Fortschrittsglaube führt zum Paradies
und letztlich jeder selbst sein Nächster ist?
Daß einzig nur das Geld regiert die Welt
und nur wer fleißig ist den Lohn erhält?

- Soll das wirklich alles wahr sein,
daß die Reichen immer mehr erwerben
und die anderen immer ärmer werden?
Daß die Arbeitslosen zu den Faulen zählen
und Ausländer uns die Arbeit stehlen?

Ist es wirklich wahr,
daß Gesetz ist fressen und gefressen werden
und das Teilen Utopie bleibt auf Erden?
Daß die Völker überleben nur mit Waffen
und mit Ellbogen am meisten schaffen?

- Soll das wirklich alles wahr sein,
daß niemand etwas kriegt geschenkt
und vom Schicksal alles ist gelenkt?
Nach dem Tode zappenduster, aus und amen
Oder ruft uns einmal dieser Gott beim Namen?

Werkstatt: Glaubensbekenntnis Jesus

Im Vorfeld sollen einige Mitfeiernde ein »Glaubens-Bekenntnis Jesus« erstellen und dabei solche untenstehende Sätze verwenden, hinter denen sie stehen können. Natürlich ist es auch möglich, eigene Glaubensaussagen hinzu zu nehmen.

Wir glauben

Daß Gott in Jesus Mensch geworden ist, um uns zu erlösen
Nicht als Herrscher kamst du in die Welt, sondern klein und
schwach
Mit dir kam ein neuer Geist in die Welt
Du hast unserem Leben einen Sinn gegeben
und der Sehnsucht ein Ziel
Du hast uns gezeigt, was und wie wir sein könnten
Mit deinem Vater im Himmel standest du in besonderem Kontakt
Alle Macht in deinem Wirken hast du an Gott gebunden

Nicht Regeln und Ordnungen waren dir wichtig,
sondern der befreite Mensch
Du hast Menschen zur Nachfolge gesucht,
aber niemanden gezwungen
Du bist zu allererst auf ausgestoßene und arme Menschen
zugegangen
Nicht dem Geld und der Macht bist du nachgelaufen,
sondern der Gerechtigkeit
Besonders mit Kindern und Frauen hast du einen zärtlichen
Umgang gepflegt
Du hast kraftvolle Zeichen gesetzt und wunderbare Dinge getan
Du hattest keine Berührungsängste bei Frauen und aussätzigen
Menschen
Nicht auf ein »Wenn und Aber« hast du dich eingelassen,
sondern allein auf die Wahrheit

Du hast ein Beispiel gegeben, wie man Feinde zu Freunden macht
Du hast das Böse und den Tod überwunden
Du hast unserem Leben einen Sinn auch über den Tod hinaus
gegeben
Das Gegeneinander der Menschen hast du in ein Miteinander
verwandelt
Mit deinem Geist belebst du alle Menschen, die dich suchen

Du hast dich schlagen und entwürdigen lassen,
ohne Verbitterung und Gegenwehr
Du hattest die Möglichkeit zur Flucht,
aber du bist dem Kreuz entgegengegangen
Du hast dich freiwillig kreuzigen lassen

Alle Macht dieser Welt vergeht, aber nicht dein Angebot zur Liebe
Du willst nicht unseren Tod, sondern ein Leben in Fülle
Du hast uns einen Himmel versprochen,
der frei ist von Unrecht und Angst
Du bist zu deinem und unserem Vater gegangen
und lebst weiter mit uns
Bei dir gilt nicht mehr reich oder arm, Frau oder Mann,
jung oder alt; allein der Mensch zählt
Im Brotbrechen und im geschwisterlichen Miteinander erkennen
wir dich auch heute
Einmal werden wir dein Antlitz schauen können
Du wartest auf uns im Reich deines Vaters
Nicht das Opfer willst du von uns,
sondern die Bereitschaft zu einem guten Miteinander
Wenn wir uns in deinem Namen versammeln,
bist du mitten unter uns
Du verwandelst Brot in Leben, Verlorenheit in Heimat
Wenn ich es zulasse, begleitest du mich Tag und Nacht

Ich will:

Dienen, statt mich bedienen zu lassen.
Jemandem gehören, statt nur auf mich zu hören.
Leben retten statt beim Töten zuzuschauen.
Auch nach der fünften Enttäuschung wieder hoffen.
Lieber leiden als zertrampeln.
Auch einmal etwas annehmen, was mir nicht so paßt.
Aufstehen statt liegen zu bleiben.

Zwischenruf

Im katholischen Gottesdienst wird beim Glaubensbekenntnis gesprochen: »Ich glaube an die heilige, katholische Kirche«. Im evangelischen Glaubensbekenntnis heißt es »christliche Kirche« und wenn ich mit den evangelischen Brüdern und Schwestern feiere, dann sage ich natürlich auch »christliche Kirche«. Aber ich sage in unseren Kirchen auch gern »katholische Kirche«, denn katholisch heißt »allumfassend« .

Glaubens-Bekenntnis

Gemeinsam:
Alles Leben, alle Wahrheit kommt von dir.
Du schenkst uns deine Liebe, darum glauben wir.

1. Du bist der Anfang und das Ende, wahrer Gott;
geschaffen hast du alles, den Himmel und die Erde.

2. Einmal wird diese Welt vergehen, doch du bleibst.
du trägst uns in dein Land, groß ist deine Liebe.

1. Dein geliebter Sohn ist in diese Welt gekommen,
   er hat uns aufgezeigt, zu kommen in dein Reich.

2. Wir glauben an den Geist, der heilig ist,
   der uns jeden Tag zu neuer Liebe weckt.

1. Wenn wir uns in deinem Namen treffen, bist du da.
   Wenn wir uns lösen und verzeihen, bist du uns nah.

Gemeinsam:
Alles Leben, alle Wahrheit kommt von dir.
Du schenkst uns deine Liebe, darum glauben wir.

2. Wir glauben an den Frieden unter allen Menschen
   und daß die Liebe stärker ist als aller Haß.

1. Im Lächeln eines Kindes bist du zu finden,
   wenn das Brot für alle reicht, und auch der Wein.

2. Alles Leben, alle Wahrheit kommt von dir.
   Du schenkst uns deine Liebe, darum glauben wir.

Gemeinsam:
Alles Leben, alle Wahrheit kommt von dir.
Du schenkst uns deine Liebe, darum glauben wir.

Bitten

Darum bitten wir:

Alle Menschen haben Wünsche und etwas, was sie gerne anderen mitteilen möchten. Wir können feststellen, daß gerade einsame oder auch verhaltensauffällige Menschen gerne und meistens bereitwillig von sich erzählen.

In einer gottesdienstlichen Feier muß daher immer Platz sein für das Aussprechen von dem, was bedrückt und wonach man sich sehnt. Jeden Tag erleben wir auch viel Unvollständiges und Not. Das kann und soll angesprochen werden im Vertrauen darauf, daß ein Bitten uns immer mit Gott verbindet.

Persönliche Bitten

Sogenannte freie Fürbitten werden in vertrauten und kleineren Kreisen oft praktiziert. Es kann aber auch hilfreich sein, wenn eine Form angeboten wird. Eine Möglichkeit ist, daß zu einer vorliegenden Textvorlage zusätzlich persönliche Einträge gemacht werden können. Dazu können oder sollen einige Zeit vorher die einzelnen Zettel vorliegen oder durch die Reihen gegeben werden. Stifte sind dabei nicht unbedingt notwendig, weil man sich diesen Einschub leicht bis zur Einbringung der Bitte merken kann. Beispiel:

1. Daß ich Frieden finde mit mir selbst;
   mit .... und mit denen ich zusammen bin.

2. Ich denke an die wirklich Armen in der Welt,
   die keine Arbeit haben und .... sind.

3. Ich will auf meine Gesundheit achten,
   auf meine innere Stimme und ....

4. Ich bitte für meine Freunde und die ich mag;
   laßt uns behutsam sein, nicht ....

5. Ich möchte meine Mitwelt achten, gesünder leben,
   nicht .... und die Umwelt schützen.

6. Ich trauere um die Menschen, die nicht mehr leben
   besonders um .... der / die mir lieb und teuer war.

7. Ich träume, daß mein Leben etwas bringt,
   und Gott mich einmal annimmt wie ich bin.

Zwischenruf

Jean Genet meint: »Wenn Gott alles segnen müßte, worum man ihn bittet, würde er sich, juristisch gesehen, der Beihilfe schuldig machen.« Und ein geflügeltes Wort besagt: »Wenn Menschen Gott um etwas bitten, dann meistens, zwei und zwei möge nicht vier sein«. Aber wir können auch davon ausgehen, daß Gott das Unmögliche eher verstehen und akzeptieren kann, als wir Menschen.

Ein Licht für dich

Es ist immer anschaulicher und eindrucksvoller, wenn mit jeder ausgesprochenen Bitte zugleich eine Kerze entzündet wird: Ich zünde eine Kerze an für ...

Auch mit einem Thema kann diese Fürbitt-Aktion verbunden werden. Zum Beispiel: Mauern.

Vorher werden sichtbar für alle oder vorne Ziegelsteine aufgebaut. Wer mag, holt sich einen und setzt einen Stein zur Mauer. Dabei kann ausgesprochen werden, wo und wie man gerade eine Mauer erlebt.

Die Steine sollten aber so geschichtet werden, daß Zwischenräume bleiben. Bei der Fürbitt-Aktion werden nun die (Tee-) Lichter in diese Nischen gestellt. Auch ein Weihnachtsbaum kann auf diese Weise mit Kerzenlicht besteckt werden.

Brot – Bitten

In unseren gottesdienstlichen Feiern wird zumeist zu viel gesprochen und zuwenig wird mit den Augen und dem Greifen eingebracht. Verschiedene Brote liegen bereit. Eines wird hochgehoben und nach der ausgesprochenen Bitte auf den Altar gelegt.

1. Mit diesem Vollkornbrot will ich für eine Voll-wertigkeit in unserem Leben bitten. Alle Menschen sind wertvoll und wichtig.

2. Mit diesem Mischbrot soll zum Ausdruck kommen, daß es in unseren Gemeinschaften weniger Ausgrenzungen und mehr Gemeinsamkeiten geben soll: unter den Konfessionen, mit Menschen anderer Völker und in den sozialen Schichten.

3. Das Fladenbrot soll an die Menschen erinnern, die das wenige Brot, das sie haben, unter einfachsten Bedingungen backen müssen und zumeist unter der Armutsgrenze leben.

4. Mit diesem Knäckebrot denke ich an alle Kranken unserer Gemeinde, die sich nach der vollen Gesundheit sehnen.

5. Die Salzstange (oder auch Brezel) soll uns Christen daran erinnern, das wir das Salz der Erde sein sollen.

6. Ich bringe dieses herrliche Gewürzbrot mit der Bitte um die Bewahrung der Schöpfung. Alle Pflanzen und Tiere, alle Nahrungsmittel und die Gewürze sollen uns auch in Zukunft zur Verfügung stehen.

Guter Gott,
wir haben nun das ausgesprochen, was uns bedrückt, für was wir uns sorgen und wonach wir uns sehnen. Du willst, daß wir das nicht nur benennen, sondern auch in unserem Miteinander etwas zum Guten wenden. Weil wir wissen, daß du unter uns und bei uns bist und das Glück aller Menschen willst, vertrauen wir auf deine Kraft in uns. Amen.

(Diese Brote werden bei der Mahlfeier gebrochen und als«Brot des Lebens« an alle verteilt.)

Verwandlung

Wer kann verwandeln? Im eucharistischen Sinne nur Jesus. Und alle, die in seinem Namen versammelt sind, nimmt er an in seiner tätigen Liebe und läßt sich ein auf das Miteinander der Menschen mit ihm.

Mir fallen dabei die Gemeinschaften und Gruppen ein, die Gottesdienst feiern, ohne daß eine ordinierte Leitung anwesend sein kann. Einmal war es so, daß alle von der Gruppe jeweils einen Teil des Gottesdienstes vorbereiteten. Und weil auch eine sich anschließende Agapefeier vorgesehen war, übernahmen drei junge Leute die Aufgabe, einen Text zu schreiben, der vor der Agape gesprochen werden sollte.

Es war ein Segenstext über Brot und Wein, der an ein eucharistisches Segensgebet erinnerte. Ich vermute auch, daß viele Christen in einem Agapemahl einen Abendmahlshintergrund selbstverständlich voraussetzen und so nehmen.

Wer kann verwandeln?

Immer suchen wir und fragen
Wer soll verwandeln, wenn nicht er.
Wandle uns, verwandle uns o Herr.

Wenn alles um mich finster ist,
wenn mir genommen ist die Sicht.
Wird ein Himmelsstern mir Lichtblick sein,
auf mir leuchten Gottes Feuerschein.

Wenn ich das Leid der andern nicht mehr seh',
vermehrt nur auf eigenem Vorteil steh.
Kann Jesu Wort die Botschaft sein
und verwandeln auch mein Herz aus Stein.

Einsam wenn du in der Ecke sitzt
und auf alle Menschen sauer bist,
genügt ein Zeichen oft, ein Blick
denn zwei oder drei holen dich zurück.

Wenn das Korn dann gemahlen wird
und nicht mehr in den Speichern liegt,
macht der Sauerteig das Lebensbrot
und im Teilen wandelt es die Not.

Wenn der Rebstock alle Fässer füllt,
und den schnellen Durst der Menschen stillt.
Umgewandelt dann zu gutem Wein.
Laßt uns trunken in dem Geiste sein.

Wandlungen

Guter Gott, verwandle uns
von der Habsucht zur Sehnsucht
von der Gegnerschaft zur Entfeindung
von der Bindungslosigkeit zur Heimat
vom Gesetz zur Verantwortung
von der Herzlosigkeit zur Herzlichkeit
von der Verstrickung zur Lösung
vom Eingewickelt werden zur Entwicklung
vom Nebeneinander zum Miteinander
vom Alleinsein zur Gemeinschaft
vom Konsumessen zum Herrenmahl
vom Irdischen zum Göttlichen

Zwischenruf

Oft sind Menschen nach einer besonderen Erfahrung oder einem Schlüsselerlebnis«wie verwandelt« . Ich denke an ein Mädchen, das an ihrem Urlaubsort gesehen hat, wie eine Kuh geschlachtet wurde. Seit dieser Zeit ernährt sie sich fleischlos.

Auch tragen viele Menschen den Wunsch mit sich, wenigstens in einer Sache ganz anders sein zu wollen. Wie oft wird nach einer gescheiterten Beziehung der Wille bekräftigt,«noch einmal von vorne anzufangen« und«alles ganz anders zu machen« , konkret: zum Guten wandeln zu wollen.

Vater unser

Das«Vater unser« ist das wichtigste Gebet aller Christen und wird zwischen den Texten der Verwandlungsworte und der Mahlfeier gesprochen. Gerade dieses Gebet, das alle gut und auswendig kennen, wird oft nur heruntergesagt und die Gebetsinhalte können oft in dieser absolvierenden Weise nicht mitgedacht und nachvollzogen werden. Besonders in kleineren Kreisen kann der Versuch dieser intensiveren Form gesucht werden.

Dabei wird abschnittsweise der Originaltext gesprochen, der dann von allen nachgesprochen wird. Nach jedem Gebetsteil werden den GottesdienstteilnehmerInnen die dazugehörende Gebetshaltung bzw. -darstellung gezeigt und während alle das nachvollziehen, wird die jeweilige Vater-unser-Zeile verdeutlicht und mit zeitgemäßen Texten gesprochen. Gerade diese Texte sollen besonders langsam vorgetragen werden, damit einerseits diese von allen gut aufgenommen und meditiert werden können und zum anderen, damit alle genug Zeit haben, die Gesten mitzumachen.

1.	SprecherIn:	Vater unser
	Alle:	(wiederholen) Vater unser
2.	SprecherIn:	Erklärt die dazugehörende Gestik .
1.	SprecherIn:	Spricht die weiterführenden Sätze, während alle die dazugehörende Gestik nachvollziehen.

Vater unser,
Im Kreis stehend an den Händen fassen; wir sind wie eine Familie.
Unser Vater, unsere Mutter,
unser Gott und heiliger Geist.

der du bist im Himmel.
Die im Kreis gehaltenen Hände werden nach oben gestreckt.
In dem Reich, das du uns zugesprochen hast;
aus unserer Erde soll ein Himmel werden.

Geheiligt werde dein Name,
Mit der Handfassung wie oben; rechtes Knie auf den Boden.
Klein sind wir und groß bist du!
In Staunen erheben sich unsere Seelen.

dein Reich komme,
Arme mit Handflächen nach oben vor den Körper halten:
In unsere Häuser, in die Kneipen –
und wenn zwei oder drei versammelt sind.

dein Wille geschehe,
Kniend mit der Stirn den Boden berühren.
Nicht mein Wille und nicht mein Wollen.
Nicht mein Streben nach Leistung,
Macht und Gewinnen.

wie im Himmel, so auf Erden.
Aufstehen Daß unsere Bitten zu dir kommen
und deine Engel hier auf Erden sind.

Unser tägliches Brot gib uns heute
Linke (gebende) Hand in die aufgehaltene rechte Hand
(empfangene) der linken Person legen.
Auch denen Reis und Saatgut fehlt;
und lerne uns das Teilen.

und vergib uns unsere Schuld,
Mit der oben beschriebenen Handhaltung stehen bleiben.

Spreche uns frei von Unzulänglichkeiten,
wenn unsere Trägheit verursacht einen Mangel.

wie auch wir vergeben unseren Schuldigern.
Mit der oben beschriebenen Handhaltung stehen bleiben.

Auch verzeihen, wo keine Einsicht ist
und wenn stur nur Systeme herrschen.

Und führe uns nicht in Versuchung,
Um die eigene Achse drehen; linke Hand gestreckt-abwehrend, linke am Körper halten.

von Glanz der Welt und dem Erfolg,
und gern im Mittelpunkt zu sein.

sondern erlöse uns von dem Bösen.
Wie oben, nur gegengleich drehen

Gelöst von Eitelkeit und Gier;
erlöst sein durch Jesus, deinen Sohn.

Denn dein ist das Reich und die Kraft und die Herrlichkeit
Handfassung im Kreis, in die Mitte gehen und Hände nach oben strecken.

der Himmel, das Ziel, das Paradies.
Der Weg, die Wahrheit und das Leben.
Harmonie und alle Schönheit.

Amen
Alle sollen dreimal laut Ja, Ja, Ja rufen.

Ja, ja, ja – so sei es!

Gruß und Frieden

Die zwei Wörter im Friedens-Gruß gehören zusammen: Ohne Gruß und Kontaktaufnahme ist es nicht möglich, mit jemanden Frieden zu schließen. Weil das zu Beginn einer gottesdienstlichen Feier zu kurz kommt, ist dies unmittelbar vor der Mahlfeier«höchste Eisenbahn«. Denn eine Kommunio ist nicht ein verinnerlichtes Einzelgeschehen, sondern nur im versöhnten Miteinander zu verstehen und zu tun.

Daß Wörter nicht reichen, zeigen uns Rituale, wie jene mit der Friedenspfeife. Im gemeinsamen Tun sind die Möglichkeiten zum Frieden größer und intensiver.

Prolog

Alle Tage rauhes Leben tragen.
Heute will ich dir Gruß und Frieden sagen.
Gib mir deine Hand, dann sagen wir:
der Friede Gottes sei mir dir!

Alle:
Der Friede Gottes sei mit dir!

1. Einmal hatte ich mit dir den Knatsch,
   haben uns versöhnt, lassen wir den Quatsch.
   Jedoch wenn ich dich treff, dann fällt mir ein,
   verziehen ist es wohl, vergessen nein!

Alle:
   Mit dir den Frieden schließen, fällt mir schwer,
   ich könnt's versuchen, wenn die Erinnerung nicht wär.

2. Du bist oft gut und dann wirst du beklatscht.
Warum nicht so bei mir, wenn etwas klappt?
Böse Worte sind uns fern, noch nie gab es Streit,
doch es stinkt mir diese kleine Ungerechtigkeit.

Alle:
Mit dir den Frieden schließen fällt mir schwer,
ich könnt's versuchen, wenn der Neid nicht wär.

3. Dir kann niemand helfen, immer tappst du daneben.
Bist oft sauer, keiner will sich mit dir anlegen.
Locker gehst du alles an und verpennst den Tag
und nimmst von uns auch keinen guten Rat.

Alle:
Mit dir den Frieden schließen, fällt mir schwer,
ich könnt's versuchen, wenn der Trott nicht wär.

4. Du bist immer cool, kannst lieb auch lachen
und sagst oft zu mir die besten Sachen.
Hintenrum weißt du über mich dann dies und das.
Ja, in meiner Abwesenheit zeigst du Courage!

Alle:
Mit dir den Frieden schließen, fällt mir schwer,
ich könnt's versuchen, wenn das Hintenrum nicht wär.

5. Schüchtern ist die eine, die andere kichert bloß.
Mich geht's nichts an und zieh einfach los.
Wir gehn uns aus dem Weg, das tut nicht weh,
es macht dir doch nichts aus, wenn ich geh?

Alle:
Mit dir den Frieden schließen, fällt mir schwer,
ich könnt's versuchen, wenn diese Albernheit nicht wär.

6. Manchmal gehst du mir wirklich auf den Geist,
wenn du nur Schrott redest und alles besser weißt.
Ansonsten habe ich wirklich nichts gegen dich.
Und ich hoffe, du hegst gleiches auch für mich.

Alle:

Oft genug die Tage rauhes Leben tragen
Heute will ich dir Gruß und Frieden sagen.
Gib mir deine Hand, dann sagen wir:
der Friede Gottes sei mir dir!

Zwischenruf

Eine gottesdienstliche Feier kam deswegen nicht zustanden, weil zwei aus der Gruppe zerstritten und zur Versöhnung nicht bereit waren. Alle Versuche und alles Drängen half nichts. Beide Seiten glaubten im Recht zu sein und wollten nichts aufgeben.

In größeren (und zumeist auch anonymeren) Gemeinschaften kommen solche Hintergründe kaum zum Tragen. Das heißt auch, daß Vieles in der Atmosphäre des »Kalten Krieges« bleibt. Es geschieht auch nicht selten, daß jemand besonders darauf bedacht ist, sich nicht zu einer bestimmten Person zu setzen oder beim Friedensgruß starr nach vorne schaut und den angebotenen Gruß ignoriert.
Menschliche Gegebenheiten! Von daher wäre es wichtig, daß nach dem Zuruf«Der Friede des Herrn sei mit euch« nicht«mit deinem« sondern«mit seinem Geiste« geantwortet wird.

Handkette des Friedens

Beim«Vater unser Gebet« reichen sich alle die Hände. Dabei wird die rechte Hand nach oben gehalten zum Zeichen der Bereitschaft, etwas anzunehmen. Die linke (die vom Herzen kommt) wird in die rechte Hand der linken Person gelegt. Die ganze Gemeinde verbindet sich zu einer großen Handkette – über Kirchenbänke und Presbyterium hinweg.

Erst nach dem Friedensgruß wird die«Handkette des Friedens« gelöst. Vorher schaut man sich noch an, spricht einen kurzen Friedensgruß und ein Händedruck bekräftigt das Gesprochene.

Zwischen dir und mir

Zwischen dir und mir
ein Glück.
Gedankenblitze, Atmen, was wird sein?
Gesichter fangen an zu strahlen.

Zwischen dir und mir
ein Wort.
Leises Fragen, Hören, ein Bekenntnis.
Mitten unter uns ein guter Geist.

Zwischen dir und mir
ein Zeichen.
Du verstehst es und auch ich,
Was du tust, das will auch ich.

Zwischen dir und mir
ein Lächeln.
Freudenaugen, Spiegel unserer Harmonie.
Was kann uns denn noch trennen?

Brot und Wein

Kommunio zu halten ist der dringenste und größte Auftrag Jesu. Wer dies tut, wer das Brot miteinander bricht und den Becher reicht, sucht nicht seinen eigenen Vorteil, sondern das gute Miteinander und den Frieden.

Wenn wir Brot essen und Wein trinken, dann lösen sich diese in unserem Körper auf, gehen in unseren Kreislauf über und werden Teil von uns selbst. Mit diesem Bild hat Jesus beim Letzten Abendmahl seine Verbundenheit mit uns eingebracht.

Wir laden zum Mahl

Wir laden zum Mahl, wir haben das Brot.
Nehmt es und eßt es und dankt unserem Gott.
Wir teilen das Brot und wir öffnen die Hand.
Einmal führt uns Gott in das versprochene Land.

Seht den Becher mit Wein, aus den Reben
mit dem Weinstock verbunden, dem wahren Leben.
Schenkt ein reinen Wein, trinkt alle davon,
seid trunken mit Gott, dem Vater und Sohn.

Mahl der Gemeinschaft

Eine Mahl-Gemeinschaft kann tiefer und reicher erfahren werden, wenn dies in kleineren Gruppen geschieht. Dazu bilden sich im Raum Kleingruppen (bzw. zwei Bankreihen zusammen). Zu diesen wird das Brot und der Wein getragen. Miteinander brechen sie das Brot und reichen den Becher mit Wein.

Wenn du mit mir teilst

Wenn du mit mir teilst das Brot
keimt der Samen, grünt die Liebe.
Aus tiefer Starrheit, aus dem Tod
finden wir die Spur zum Leben.

Wenn du mit mir trinkst den Wein
Anstoß zur Freude und den Geist.
Aus dem Weinstock wachsen Reben;
wir sind verbunden, Jeus lebt.

Wenn du mich heut` führst zum Tanz
erwacht der Lebensmut in mir.
Aus der Starre, aus der Enge,
hinaus ins Weite führst du mich.

Zwischenruf

Die allermeisten Christen wollen, daß«der Kelch nicht an ihnen vorübergeht«. Es gibt vielerlei Gründe, warum besonders in katholischen Gemeinden nur das Brot, bzw. die Hostie gereicht wird. Ein Grund wird mit der Hygiene begründet und es wird angeführt, daß zu viele Bakterien, Viren und Pilze am Kelch und um uns herum sind.

Die Deutsche Vereinigung zur Bekämpfung der Viruskrankheiten hat klargestellt, daß der Weg der Bakterien über den Kelch von einem zum anderen fast unmöglich ist. Zum einen befindet sich darin Alkohol und das hemmt die Vermehrung von Bakterien. Zum anderen wird der Kelch zwischen zwei Trinkenden immer etwas weiter gedreht und nach einer Runde mit einem alkoholgetränkten Tuch gereinigt. Schließlich entzieht besonders ein silberner Kelch den Bakterien die Lebensgrundlage.

Texte zur Mahlfeier

Während der Kommunion werden nachfolgende Texte langsam und mit Pausen gelesen. Musik im Hintergrund ist dazu gut geeignet:

- Ich bin das Brot des Lebens; wer zu mir kommt, wird nie mehr hungern. (Jh 6,35)

- Wer von diesem Brote ißt, wird in Ewigkeit leben. (Jh 6,51)

- Ein Brot ist es. Darum sind wir viele ein Leib; denn wir alle haben teil an dem einen Brot. (1 Ko 10,17)

- Denn sooft ihr von diesem Brot eßt und aus dem Kelch trinkt, verkündigt ihr den Tod des Herrn, bis er wiederkommt. (1 Ko 11,26)

- Der Mensch lebt nicht nur vom Brot, sondern von jedem Wort, das aus Gottes Mund kommt. (Mt 4,4)

- Dann brach er das Brot, reichte es den Jüngern und sagte:«Nehmt und eßt.« (Mt 2626)

- Dann nahm er den Kelch, sprach das Dankgebet, reichte ihn den Jüngern, und sie tranken alle daraus. (Mk 14,23)

- Selig, wer im Reich Gottes am Mahl teilnehmen darf. (Lk 14,15)

- Und als er mit ihnen am Tische war, nahm er das Brot, sprach den Lobpreis, brach das Brot und gab es ihnen. (Lk 24, 30)

Segen

Segen, das ist das große, uneingeschränkte Ja Gottes an den Menschen. Die Menschen sind aufgefordert, sich dieses Ja Gottes gegenseitig zuzusprechen.«Er geht von Gott aus und bleibt an ihm gebunden. Er läßt sich nicht von Gott lösen und in Gegenständen ein- fachen« (Anselm Grün).

Es war ein vierblättriges Kleeblatt

Aberglaube denken die einen. Aber einmal hat jemand am Tag vor einer wichtigen Prüfung ein vierblättriges Kleeblatt bekommen, verbunden mit der Aussage, morgen ganz fest an den Prüfling zu denken. Die Prüfung wurde glänzend bestanden und die strahlende Absolventin berichtete hernach:«Ich habe das Kleeblatt mitgenommen und neben die Prüfungsblättern gelegt. Weil ich mit jedem Blick auf dieses Kleeblatt wußte, daß jemand an mich denkt, daß ich jetzt nicht so gottverlassen allein gelassen bin, das hat mir Gelassenheit und Kraft gegeben.«

Wenn du gehst

Du gehst mit, gehst mit mir, bist bei mir,
bleibst bei mir. Gottes Geist mit dir und mir.

Wenn du gehst, schau mich noch einmal an,
und entdeck' die Spuren, die Gott gelegt.
Nimm auf den kleinen leisen Klang,
der in dir und mir die Freude weckt.

Wenn du gehst, nimm etwas mit für dich,
von hier in die Tage in das Leben.
Ein kleines Wort und einen Blick,
alles sei dir von Gott gegeben.

Wenn du gehst, dann bist du doch noch da:
Du bist mir immer nah, ich bin mit dir.
Und beiden ist uns Gott so nah;
und sein Geist sei zwischen dir und mir.

Zwischenruf

Segen und Segensgebete sind und waren schon immer in der Gefahr, in die magische Ecke gestellt zu werden. In unserem Lande waren es zudem die Waffensegnungen, die einen unguten Nachgeschmack hinterlassen haben. Aber auch noch in der heutigen Zeit werden Gegenstände, Fahrzeuge, Geschäfte und Straßen gesegnet mit der vielfachen Erwartung, Gott soll es so regeln, daß in Zukunft alles schadenfrei abläuft. Allzuoft wird der Segen auch ausschließlich von«geweihten Personen« gegeben und viele meinen dann, dieser sei nur jenen vorbehalten.«Segensgeber« verwenden viel zu häufig auch nur stilisierte Segenstexte und das mag der Grund sein, warum der Segen oft sehr magisch-mystisch und zu unpersönlich gesehen wird. Christen stellen auch manchmal die Frage, wer den Segnenden segnet, denn häufig wird die Formel verwendet:«Es segne euch...«

Lebendiger Segen

Je lebendiger und natürlicher ein Segen gegeben wird, desto mehr kommt nicht nur der Mensch zur Geltung, sondern auch die Kraftspur Gottes.

– Ein Sonnenblumenkern beispielsweise ist ein nachvollziehbarer«Gegenstand« , der mit dem ausgesprochenen Wunsch und einem Segenstext noch lange lebendig bleibt bzw. lebendig wird.

– Ein Segenstext, den ich für jemanden im Kreis in ein Kuvert stecke und überreiche. Zum vereinbarten Zeitpunkt (z.B. am nächsten Sonntag) sollen alle ihre Kuverts öffnen.

Segensgebete

Gott sei mit dir
heute und alle Tage.
Er sei mit dir,
an jedem neuen Morgen,
wenn du müde und traurig bist
und am Ende deines Lebens.

Gott segne dich,
damit du auch weiterhin die Geduld hast,
das zu ertragen, was dir lästig ist
oder überflüssig erscheint.
Ein Engel soll dich umgeben,
der dich behütet in allem,
was dich ängstigt und bedroht
und dich bewahrt vor einem
Übermaß an Schmerz und Schuld.

Gott lasse einen gesunden Geist in deinem Körper leben.
Freude in deinem Herzen erblühen
und Tiefe in allem, was du denkst.

Möge Gott, die Quelle des Lebens, dein Leben reich machen.

Ich wünsche dir
das Frühlingsgrün für deine Hoffnungen,
die Farben des Sommers zur Lebensfreude,
das Oktobergold für den Schatz in deiner Seele
und ein schneeweißes Kleid in dunklen Tagen.

Der Tag sei dir günstig und die Nacht sei dir gnädig!
Die gute Hand eines Freundes soll dich immer halten!
Und möge Gott dir das Herz erfüllen mit Frohsinn und Freude!

Irisches Segensgebet

Kurze Segenswünsche

Der Friede Gottes sei in dir und mit dir.

Das Lächeln des Himmels bleibe immer auf deinem Gesicht.

Gesegnet sei dein Denken, dein Tun und deine Güte.

Die Kraft aus Gottes Geist stärke dich und gebe dir Mut für alle Tage deines Lebens.

Zuspruch

Daß auf deinem Wege dir die Sonne scheint
und Menschen ohne Arglist dir begegnen.
Daß Stolpersteine dir zum Anstoß werden
und der Stern des Weisen dir die Richtung zeigt.

Gute Freunde sollen dich stets begleiten
und auch noch im Schein der Lampe bei dir sein.
Dann wird euch Gottes guter Geist berühren,
in eueren Reden und auch im Handeln.

Nimm dir noch ein Wort oder auch ein Zeichen,
dann wird dich immer Gottes Glanz erreichen.
In dunklen Stunden soll dieses Gotteslicht
dir eine Spur zum gutem Leben zeigen.

II Meditationen im Jahreskreis

Bereitung:
Sehen, was man sonst nicht sieht

Auch ich möchte sehen

Der Tag
an dem sie zum erstem Mal etwas sah,
obwohl darauf vorbereitet,
wurde zum großen Reinfall.

Schon vor der Geburt
war sie blind, eine Starerkrankung.
Und jetzt nach 33 Jahren
erblickte sie das Licht der Welt.

Als der Verband
nach der Operation herunter kam,
stürzte alles wie ein wirres
Durcheinander auf sie ein.

Nur die Farben
konnte sie klar unterscheiden.
Und sie brauchte Monate,
um einen Kreis zu erkennen.

Nach und nach
erlebte sie nun alles neu.
Die schönen Dinge dieser Welt
haben Formen angenommen.

Auch ich möchte
sehen, was man sonst nicht sieht:
Alle Farben und die Wirklichkeiten
aus einer anderen Welt.

Mit dem inneren Auge

Ich habe schon so manches gesehen
was nicht der Wirklichkeit entsprach.
Zu nennen wären da zum Beispiel
die Feen und Monster
des nachts in meinen Träumen.
Manche sehen UFOs und Lichtgestalten –
in der Fantasie, und auch Wesen, die es gar nicht gibt.

Wenn eine Warmluftschicht wenige Meter
über der Wasseroberfläche die Kaltluftschicht verdrängt –
das haben Wissenschaftler längst herausgefunden,
kann man auch schon mal die Umrisse
von Seeungeheuern erkennen – zum Beispiel Nessi
und auf dem Foto ist auch etwas auszumachen!

Ein kleines Licht, 3 Kilometer entfernt,
kann am Tag niemand erkennen.
Anders jedoch bei Nacht: weithin leuchtet es.
Meine Augen sehen nicht selten mangelhaft
und auch trügerisch, ich »sehe« das ja ein.
Jedoch kann ich mehr sehen als es zu sehen gibt:
mit meinem inneren Auge, dem Auge meiner Seele.

Jahresbeginn: Rund und bunt

Kreiselmeditation

1. Einstieg *(großen Summtonkreisel drehen)*

Das weckt Erinnerungen an die Kinderzeit: Ein bunter Kreisel dreht sich, es geht rund.

(Mikroverstärkung des Summtons)

Ist es nicht auch Zukunftsmusik? Es ist mehr als Töne aus dem Drehgeräusch – vielleicht Musik aus unserem Leben in die Unendlichkeit des Alls.

Wir haben hier auch einige kleine Holzkreisel. Ein Kreisel soll dafür stehen, daß wir Schwung in das Leben bringen können und daß es in diesem Jahr und in unserer Zukunft rund gehen soll!

2. Ein Kreisel will gedreht werden

(Holzkreisel drehen! Oder/und: gleichzeitig im Tanz mit bunten Tüchern darstellen)

- Alles, was rund ist, kann sich drehen. Beim Kreisel geht es besonders lange rund, je schneller, desto aufrechter kann er stehen.

  Also lassen wir es in Zukunft rund gehen, damit auch wir aufrechter im Leben stehen.

- Er dreht sich aber auch deswegen in aufrechter Haltung, weil er durch die nach oben ausladende Kegelmasse im Gleichgewicht gehalten wird. Auch ich bleibe am besten im Gleichgewicht, wenn ich in Bewegung bleibe.

- Noch etwas: Je geschliffener der Boden und je dünner die Kegelspitze, desto geringer ist der Reibungswiderstand.

  Fast wie im Leben: Es kommt darauf an, wo ich mich bewege, auf welchen Untergrund und welcher Umgebung!

3. Der Kreisel ist rund

Ich möchte, daß es in diesem Jahr wieder rund geht:

- Rund wie ein Rad, das etwas vorwärts bringt.
- Rund wie ein Ball, der nach allen Seiten rollen kann und Lebensfreude bringt.
- Rund ist ein Kreisel, der sich zur Freude des Menschen dreht.

4. Mitte

Die Mitte des Kreisels ruht und doch wieder nicht.

Der Kreisel lehrt mich: Wenn ich die Balance für mein Leben gefunden habe, dann kann ich mich von meiner Mitte in die Randzonen, in die stürmische Peripherie wagen. Ich kann fliegen wie in einem Dultkarusell und meine Mitte hält die Fliehkraft im Lot. Oder: Nur wenn ich selbst einen Standpunkt habe, dann kann ich in meiner Umgebung etwas bewegen.

5. Turbulenzen

(Holzkreisel drehen, oder/und: gleichzeitig im Tanz darstellen)

Ein falscher Fingerdreh und der Kreisel trudelt und ist schnell am Ende. Auch mich bringt manches zum Wanken, nicht selten durch Außeneinflüsse. (drehendem Kreisel einen Stups geben)

6. Antrieb

Wenn ich will, kann ich den Kreisel mit einem schnellen Fingerschnippen in Schwung bringen. Wer oder was bringt mich in Schwung, treibt mich an:

- für die Ziele, die ich mir setzen will?
- Woher kommen Energien für mein Wollen, zur Lebensgestaltung?
- Was macht mich stark gegen den Trägheitsfaktor?

Abschluß

Ich muß aufpassen, daß ich mich in meinen Leben nicht nur und allein im Kreise drehe. Und: Wenn sich viele Kreisel drehen, dann kommt Dynamik auf, dann geht es rund.

Viele kleine Leute, in vielen kleinen Orten, die viele kleine Dinge tun, können das Gesicht der Welt verändern!

Fastenzeit: Wüste

Spiegel-Meditation

(Jemand schaut zu den TeilnehmerInnen durch eine Glasscheibe)

Könnt ihr die Person hinter dem Glas sehen? Sicher, und auch sie sieht euch!

(Glasscheibe weglegen und einen Spiegel so zeigen, daß sich die TeilnehmerInnen darin sehen können)

In diesem Spiegel könnt ihr euch jetzt selbst sehen!

Ein Mann fragte einen Rabbi, warum die Armen oft hilfsbereit und die Reichen oft geizig sind. Der Rabbi sagte zu ihm: »Tritt an das Fenster! Was siehst du?« »Ich sehe eine Frau mit einem Kind.«

»Gut. Und jetzt tritt vor den Spiegel. Was siehst du?« »Mich selber« antwortete der Mann.

»Siehst du, sagte nun der Rabbi, man braucht bloß hinter ein Glas ein bißchen Silber dahinterlegen und schon sieht man nur sich selbst.«

– Raumlicht aus –

(Mit einer großen Taschenlampe wird auf den Spiegel geleuchtet, Spiegel dann leicht schwenken, damit die TeilnehmerInnen geblendet werden)

Aufhören! Es wird ohnehin zuviel geblendet in unserer Zeit! Vorspiegelungen falscher Tatsachen! Im Schneewittchenspiegel unser Eitelkeit erfahren wir nicht, wer wir wirklich sind. – Raumlicht an –

In einem Lied der Tuareg – das ist ein Wüstenstamm, dessen Menschen als Nomaden in äußerster Isolation leben – heißt es:

Ich führe meine Söhne weg von bewohnten Gegenden,
auch wenn es dort Wasser gibt in Fülle,
welches die Menschen zu Sklaven verwandelt.

Weg vom Wasser in Fülle, weg von Ecstasy und Gashebel, weg von Geltungssucht und Selbstgefälligkeit, weg vom Getriebensein und keine Zeit haben.

Wenn meine Täuschungen verweht sind und ich in die Wüste meiner eigenen Wirklichkeit gehe, dann kann ich im Wasserspiegel der Oase mein Gesicht erkennen. Meine Realitäten werden in Wüsten und Grenzsituationen offengelegt.

Aber auch bei einem Wüstentrip werde ich der Fata morgana nicht entkommen.

Das ist die Lehre einer Fata morgana, die Menschen in der Wüste erleben: Aufgrund ungleicher Lufttemperaturen wird der Lichtstrahl gebrochen und somit werden Erscheinungen von Spiegelbildern herbeigeführt. Sinnestäuschung total – oder die geheimnisvolle Fee in uns.

Hier kann uns nur mehr ein Eulenspiegel helfen, der uns den Spiegel unserer Unwissenheit und die Lebensrealitäten vor die Nase hält.

Hast du heute schon in einen Spiegel geschaut?

Wir haben kleine Spiegel bereitgelegt. Nimm einen und schau jetzt rein und zwar so, daß du ein Auge von dir ganz nah siehst. Der Spiegel gilt als Symbol der Erkenntnis, der Wahrheit und Klarheit.

Schau heute und immer wieder in diesen Spiegel, damit du in deinen Wüsten nicht auf die Luftspiegelungen vertrauen mußt, sondern daß du dem Spiegel deiner Seele begegnen kannst.

Karwoche: Verurteilen

Steinigung

1. Jeden Tag muß ich zu irgend etwas und vielen Sachen Stellung beziehen, eine Meinung haben.
Das mache ich zumeist in aller Nüchternheit, aber oft ist mein Denken und Spekulieren eingefärbt von
Einschätzung – Beurteilung – Verurteilung.

2. Jesus hat auf eine Beurteilung, besser Verurteilung geantwortet: »Wer von euch ohne Schuld ist, der werfe den ersten Stein!«

3. Der Nationale Iranische Widerstandsrat hat in Genf einen herausgeschmuggelten Dokumentationsfilm gezeigt, wie im Iran verurteilte Männer gesteinigt wurden. Sie waren bis zur Hüfte in den Boden eingegraben und mit weißen Leintüchern eingebunden. Der erste Stein wurde dabei vom obersten religiösen Richter Teherans Hojjat-ol-Islam Razini geworfen. Angehörige der Sicherheitskräfte und islamische Geistliche warfen dann Steine auf die Verurteilten und riefen »Allah ist groß!« Die Vollstrecker warfen dazu bewußt kleinere Steine auf ihre Opfer, damit die Qualen möglichst lange dauerten. Die Filmaufnahmen wurden von Sicherheitskräften gemacht, um diese in anderen Polizeikasernen vorführen zu können. (SZ 9.1.98)

4.
Tut mir leid

Wieder ein Fall von
Kinderschändung
Außenseiter in der Gruppe

Der Ruf nach der Todesstrafe
wird laut!
In Abwesenheit wird über ihn
hergezogen

Frau im Sperrbezirk vergewaltigt	Warum muß die auch da hingehen?
Vorfahrt genommen	Typisch Mercedes-Bonze
Eine glatte Sechs geschrieben	Selbst Schuld! Hat auch nichts dafür getan!
Gekündigt!	Hat im Betrieb auch immer rumgemotzt!
An Leberzirrhose gestorben	Versoffener Kerl!
Mit 170 in den Tod gerast	Dem kann man wirklich nicht helfen!
Alle Warnungen in den Wind geschlagen!	Tut mir leid – kein Mitleid!

5.

Legende

Eine Legende erzählt:

Jesus ist mit den Aposteln zum ewigen Gastmahl im Himmel versammelt. Alle haben Platz genommen, aber Jesus beginnt nicht mit dem Mahl. Überraschend läßt er noch einen zusätzlichen Stuhl aufstellen. Dann wartet und wartet er. Die Apostel werden ungeduldig. Warum fängt er nicht an? Die Spannung wächst! Auf einmal geht die Tür auf. Judas kommt herein. Jesus steht auf und geht ihm entgegen. Zum Erstaunen aller umarmt er ihn und sagt: »Komm, mein Freund! Nimm Platz bei uns! Ich habe auf dich gewartet!« Und das Mahl beginnt.

Frühling: Die Farbe Grün

Viele Farben Grün

Wenn wir jetzt ein Landschaftsbild malen müßten, dann würden wir mit hoher Wahrscheinlichkeit besonders die Farbe Grün mit herein nehmen. Aber welches Grün? Oft ist es so, daß sich die Kinder und auch erwachsene Leute mit einer Grünausrichtung zufrieden geben. Aber es gibt ganz viele Variationen in dieser Farbe!

In der Autoindustrie werden ca 30 000 Farben genannt; einige tausend davon sind in Grüntönen.

1. Wenn ihr für eine kurze Zeit die Augen schließt, dann werdet ihr mit euerem inneren Auge einige der verschiedenen grünen Farben kennenlernen. Versucht diese für euch herzuholen:

- grasgrün
- moosgrün
- giftgrün
- jadegrün
- olivgrün
- kaktusgrün
- lindgrün
- mattgrün
- smaragdgrün
- hellgrün
- gelbgrün
- salatgrün
- heugrün
- apfelgrün

2. Die Natur hat viele Grüntöne, aber diese nehmen wir oft nicht bewußt wahr.

Ich habe verschiedenes Grün aus der Natur geholt. Schauen wir uns das einmal an.

Tannenzweig, Moos, grüner Apfel, Brennessel, Lindenblatt-/blüte, Wiesenklee, Maiglöckchenblatt, Olive, Schachtelhalm, Windhalm, Farnkraut, Eichenblatt-/frucht, Efeu, Wacholder, wilder Hopfen, Mistel … (am besten, vorher sammelnderweise durch die Natur gehen).

Oder: Alle suchen sich draußen einen Platz und beobachten zwei Minuten lang die Landschaft und die nähere Umgebung nach den Grüntönen. Möglich ist es auch, den Versuch einer Zählung zu wagen.

Grün ist die Farbe der Hoffnung

3.

- Grün ist die Farbe der Hoffnung, des Frühlings und der Weite. Aber auch die Farbe der Festigkeit und der Passivität.

- Wer die Farbe grün zur Lieblingsfarbe hat, hat eine gute Balance im Leben, streut Hoffnung aus und ist konfliktbereit. Er sucht die Gemeinschaft, will aber nicht im Mittelpunkt stehen. Prestige, Offenheit, eine hohe Moral und ein gutes Maß an Selbstbehauptung ist meistens vorhanden. Aber auch Angst vor der Enge und der Behinderung.

- Natur und Heimat sind wichtig, aber diese Menschen sind auch immer auf der Suche nach einem Neuanfang.

4. Wir haben die Vielfalt in einer Farbe gesehen. Diese Vielfalt gibt es überall im Leben. Kein Alltag ist nur grau und es gibt kein Einheitsgrün! Nicht jedes Wasser ist blau! So ist auch kein Mensch total unbegabt, ganz vollkommen oder nur ein Versager! Keine Sache ist absolute Spitze oder absolut bescheuert.

5. Die Natur zeigt uns die Vielfalt und Individualität. Mit der Farbe Grün ist sie uns auch ein Vorbild für einen Neuanfang. Die Nebeltage und alle dunkle Zeit des Winters sind vorbei.

Grün ist die Farbe der Hoffnung. Die Hoffnung auf ein breitgefächertes Leben!

Wachsen: Saatschale

Wenn es Frühjahr wird, dann freuen sich alle Menschen und atmen auf: Aus dem Grau des Winters wird ein Grün, die Sonne bringt uns Helle und Wärme, das Wachsen in der Natur bringt uns Hoffnung und erinnert uns an das Wachsen und auch an die Auferstehung.

Mit der«Saatschale« können wir in kleineren Gruppen dieses Wachsen selbst gestalten, erleben und meditieren.

Vorbereitung:

Saatschalen (z.B. Ton-Blumentopfuntersetzer mit einem Durchmesser von 20 Zentimeter) Gartenerde, Weizenkörner, Wasser.

Zum Einstieg: Wissenswertes über Weizen

Der Weizen ist nach Anbauverbreitung und Welthandelsanteil die wichtigste Getreideart, die Hauptbrotfrucht der Erde. Seine ursprüngliche Heimat ist Südostasien. Er findet Verwendung für Gebäck aller Art, Grieß, Nudeln, Zwieback, Grünkern, Stärke, Bier usw.

Der Sommerweizen hat bei uns wenig Bedeutung. Er ist nicht winterhart und wird daher erst im Frühjahr ausgesät. Der Winterweizen wird in der Regel im Oktober angebaut. Er zeigt ein ausgesprochenes Kältebedürfnis. Wird Winterweizen erst im Frühjahr ausgesät, so bleibt die Halm- und Ährenbildung zunächst ganz aus. Das Kältebedürfnis hängt zum Teil mit der geographischen Abstammung der Sorten zusammen. Winterweizen ist allerdings auch gefährdet, wenn er bei Beginn der Keimung oder bei Entwicklung der ersten Blättchen mit einem Frosteinbruch überrascht wird.

Das Samenkorn

Das Samenkorn ist ein Symbol der Zukunft und der Hoffnung. Aber es ist auch eine Todes- und Auferstehungssymbolik im Samenkorn enthalten. Es steht für Selbstaufgabe und Hingabe: »Wenn das Weizenkorn nicht in die Erde fällt und stirbt, bleibt es allein; wenn es aber stirbt, bringt es viele Früchte« (Jh 12,24). Nur wer sich selbst aufgibt/verschenkt, wird gewinnen.

Im Samenkorn sind alle Wachstums- und Entwicklungsmöglichkeiten angelegt. Aus einem winzigen Senfkorn kann beispielsweise ein großer Baum entstehen.

Durch eine Hülle wird der Keim geschützt. Wenn die äußeren Bedingungen stimmen (Wärme, Wasser, Lichtverhaltnisse), beginnt die Keimung.

Anleitung für das Bereiten von Saatschalen

Schale mit Garten- oder auch Ackererde bis 1 cm unter dem Rand füllen. Samen dicht aufstreuen und dann mit ca. 1 cm Erdschicht zudecken. Gut anfeuchten und während der Keimzeit ständig feucht halten. Die Saatschale am besten auf das Fensterbrett stellen.

Bei Zimmertemperatur beträgt die Keimdauer ca. eine Woche. Für eine schön begrünte Osterschale muß mit 14 Tagen gerechnet werden. Soll die Keimdauer verlangsamt werden: ins Freie stellen!

Segensbitte

So wie das Korn nach kalter Nacht
aus seinem langen Schlaf erwacht,
und, aufgeweckt von Licht und Frühjahrsregen,
die Schale bricht und grüne Triebe zart
nach oben durch das Erdreich reckt,
bis es die Sonne sieht,
um auf sie zu wachsen,
so will auch ich nach ruhigen Zeiten
nach dem Wachsen spüren,
aus alten Sicherheiten treten
und meinen engen Raum verlassen,
mich recken, auch durch Dunkelheiten –
mich entfalten und zum Licht nach oben streben,
zu Deiner Liebe, oh mein Gott.

Ich bitte Dich:
Segne uns alle
und lehre uns diese Sehnsucht,
gibt uns diesen Mut
und schenke uns diese Kraft,
umhülle uns mit Deiner Wärme, Deinem Licht -
dann brechen wir auf zum Leben.

Astrid Grave

Pfingsten: Geist

Wie kam der Geist in die Welt? Wer belebte das Wasser, die Winde und die Erde? Wer brachte das Feuer auf die Erde? Wer erleuchtet den Kosmos und die Kristalle? Wer gab den großen Denkern die Geistesblitze und wer brachte die Wunder der Natur und zu was die Materie imstande ist?

Mit dem Geist umschreiben wir auch alles, was wir nicht greifen können und das Bewußtsein in uns. Heute möchten wir versuchen, bildlich und greifbar das herzuholen, was unseren Geist ausmacht.

Atem *(Luftballon aufblasen)*

In mir wohnt oft ein unruhiger Geist. Auch sind manche meiner Reden geistlos oder verletzend und desötteren entdecke ich mich richtig geistesabwesend. Ich atme jetzt ein und ich stelle mir vor, daß dieser mein Atem sich in meinem Körper ausbreitet und allen Ungeist einholt und aufnimmt. Mit meinem Ausatmen reinige ich meine Sinne und meinem Leib. Ich lasse allen unreinen Geist aus mir heraus, ich puste diesen in meinen Luftballon.

Wer will, kann das nun auch für sich selbst tun. Versucht das ein paarmal.

Nun holen wir uns beim Einatmen all das her und saugen das ein, was gut ist und unseren Körper und den Geist beseelt, kurz, was uns gut tut. Ich hole mir die Kraft des Wunderbaren, das Schöne und Gesunde, das Göttliche und das Heilige. Das ganze Heil und den Geist des Guten.

Brief

Stell dir vor, das ist ein Brief, den du von einem dir wichtigen Freund oder einer Freundin bekommen hast. Und was da drinnen steht, beglückt dich und ist auch für dein Leben enorm wichtig. Du wirst diese Sätze und Wörter ganz anders lesen als andere Schriftstücke; du wirst diesen Brief aufbewahren und später noch einmal lesen. Ein besonderes Fluidum, ein guter Geist geht von diesem Brief aus.

Satanismus *(Pentagramm oder umgedrehtes Kreuz)*

Damit der Mensch mit Hilfe des Teufels mächtig wird, verkauft er ihm seine Seele. Man muß das Gute, Gott, die Engel und alle Heiligen verfluchen und ebenso seine Firm- und Taufpaten. Im Satanismus wird keine Erlösung vom Bösen gesucht, sondern eine Auflösung im Bösen (Walter Schmidt). Dieses Symbol verkörpert den bösen Geist, dem der Satanist nachlaufen muß.

Apfel

Auch in einem Apfel steckt Geist. Viele Menschen haben ihr Wissen und ihre Kraft hineingesteckt, damit dieser Apfel so werden konnte. Wenn ich diesen Apfel esse, dann geht gleichsam etwas von dem in mich über, was an Energie und Geist in diesen Apfel gekommen ist.
Ein Sprichwort sagt: Was der Mensch ißt, das ist er! Was wir durch den Mund zu uns nehmen, was wir essen, geht über unser Blut in unseren ganzen Körper über. Es macht einen Unterschied, ob jemand in gepflegter Umgebung ißt, hastig oder während des Fernsehens; ob jemand sich von Hamburger ernährt oder von Vollwertkost, aus biologischem Anbau oder Lebensmittel in Plastikverpackungen bevorzugt. Nicht nur die Nährstoffe und Vitamine machen es, sondern auch der Stil und die einem Menschen innewohnende Geisteshaltung. Das erklärt auch, warum immer mehr Menschen vom Arzt gesagt bekommen, daß ihnen körperlich nichts fehlt und die Ursache ihrer«Krankheit« auf einer anderen Ebene zu suchen wäre.

Kreisdarstellung mit Kreuz

Du bist in einem Freundeskreis oder einer Gruppe. Ihr versteht euch besonders gut und du freust dich schon jedesmal auf das Treffen. Wenn du einmal nicht da bist, fragen die anderen gleich nach dir; wenn du in Schwierigkeiten bist, spüren das die anderen sogleich und gehen auf dich zu.

Ein guter Geist herrscht in dieser Gruppe.

Auch in unserem Kreis soll dieser gute Geist einkehren. Versucht das nun mit eueren Nachbarn: Sprecht sie an, redet mit ihnen, gebt euch die Hand!

Bekenntnis

Wir glauben an den Heiligen Geist,
der Urkraft von allem, was lebt.
Er ist und wirkt seit Anbeginn der Welt: in den Menschen und Tieren, den Pflanzen, der Technik, in der Materie und im ganzen Kosmos. Er ist die Geisteskraft aus göttlicher Quelle und will alles gut und heilig machen.

Wir bekennen uns zum Heiligen Geist,
der Gott ist.
Wir erkennen aber auch den Ungeist in unseren Herzen und unter uns. Es gibt keine bösen Geister! Es gibt nur Menschen, die den guten Geist nicht gesucht oder gefunden haben und in ihr Leben holen.

Wir brauchen einen Heiligen Geist,
der uns immer wieder zum Guten antreibt und Frieden unter uns anstiftet. Der uns den guten Geist in unserem Miteinander bringt und der uns über das Schwere des Lebens führt, um Kinder des Heiligen Geistes werden zu können.

Wir suchen den Heiligen Geist,
der uns immer wieder für das Gute begeistert und zeigt, wie sich die Menschen in Achtung und Liebe begegnen können. Wenn wir seinen guten Geist suchen, dann sind wir in Gott geborgen und nicht von allen guten Geister verlassen.
Wir suchen einen Heiligen Geist, der in unsere Sehnsucht spricht, damit wir das Richtige tun und der uns zur Wahrheit führt.

Kraft aus dem Geist

Ich hatte überhaupt keine Lust. Alles war mir zuwider.
Was soll das alles und wozu?
Ich will nicht mehr, laßt mich los!

Aber ich mußte!
Wie ein Segelboot wurde ich ins Wasser gesetzt.
Und los ging die Fahrt.
Der Wind trieb mich auf das Meer
und ich konnte nicht mehr raus.

Ich ließ mich fallen und treiben,
nahm die Brise an,
die irgendwo her kam.
Ich wurde mitgerissen.
Ich ließ mich ein auf Herausforderungen,
auf das Lachen und auf das Streiten.
Ich machte einfach mit.

Woher kommst du immer wieder,
du lebensmachende Energie?
Du Leben für das Darüber hinaus.
Für die Freude am Leben
und für das Warum.
Du Geist aus dem Irgendwo,
immer wieder gibst du mir das Leben neu.

Geist – geistig – geistlich

Wir haben viel Geistreiches gesehen und gehört. Geistreich – das Reich des Geistes!

Wenn wir uns im Reich des Geistes befinden, dann sollten wir über diesen Geist nicht nur nachdenken und viel reden, sondern den guten Geist auch in unsere Mitte holen. Dazu gehört auch ein Getränk, dem auch ein Geist zugesagt ist: Der Wein.

Wein ist kein Durstlöscher! Mit ihm verbinden sich Gedanken, wie Weingeist oder Kellergeister.

Der Saft der Weinreben wurde gekeltert und vergoren. Damit es guter Wein wurde, mußte er gelagert werden und zur Reife gelangen. Er hat sich gewandelt von schnell verderblichem Saft zu edlem Wein; ganz zu recht spricht man daher vom Geist des Weines, von einem geistigen Getränk.

- Wenn zwei oder drei in seinem Namen versammelt sind, dann ist Er mitten unter ihnen. Sein Geist macht uns geistlich, berauscht unseren Geist.

Wir haben das Brot und wir haben den Wein. Eßt und trinkt in dessen Geist, der alles erschaffen hat und immer wieder den guten Geist unter uns stiften will.

Sonnenwende: Feuermeditation

Wir entzünden ein Feuer
schauen, zuhören, schweigen

Feuer – Schau

- Ich schließe die Augen und denke an das Feuer, das tief in mir brennt.

- Ich brenne nach Anerkennung: bei Freunden, in der Klasse, in der Gruppe.

- Ich brenne nach Liebe. Ich spüre in mir die Sehnsucht nach Geliebtwerden und danach, Liebe geben zu können.

- In mir brennt das Feuer nach Wissen, nach Nahrung, nach Sexualität, nach Erfolg.

- In mir glüht die Erwartung nach Glück und nach einem Leben ohne Hetze und Ausbeutung, ohne Konkurrenz und Krankheit.

Ich brauche Licht und Feuer

- Ich brauche das Licht besonders dann, wenn es in meinem Leben schwierig wird und bei wichtigen Entscheidungen.

- Das Feuer soll in mir allen Stolz, allen Egoismus und alles, was meinem Leben schadet, verbrennen

- Ich brauche das Feuer für mein Leben, damit mein Herz erwärmt wird für Menschen, die ich mag und die mich brauchen.

Licht in memoriam

Mitten in unserem Kreis brennt das Feuer. Es ist da, aber doch nicht bei mir. Wer mag, kann sich ein Licht zu sich holen. Hier liegen Teelichter bereit. Man kann ein Licht für jemanden entzünden, an den man gerade besonders denkt oder dem man ein Licht bringen will und dieses Licht vor sich hinstellen. Dann können wir eine Minute lang in Schweigen verharren.

Ich wünsche mir, daß das Feuer alles verbrennt, was zum Verderben führt.

Brennen soll das Feuer für mich, damit ich gebrannt werde wie ein Ton, der tauglich ist zum Schöpfen lebendigen Wassers.

Urlaub: Ruhe

Existenzmeditation

Heute will ich mir selbst meine Ruhe geben.
Ich lasse das Treiben und warte,
bis alle Gedankensplitter sich legen.

Ich suche das, was ich gerne mag
und auch einen ruhigen Ort.
Nicht wichtig ist die Zeit und der Tag.

Niemand kann mich mehr ablenken.
Ich bin für mich allein.
Das Los-sein will ich mir schenken.

Ich bin einfach da, der Atem fließt,
ein kleiner Windhauch hat mich berührt.
Ich freue mich, daß es so ist.

Ich schaue an, was ich gefunden
und was nun vor mir liegt.
Jetzt zählen nicht mehr die Stunden.

Wie bist du beschaffen? Ich schaue nur
was ich alles sehen kann.
Aus dem Blick verschwindet meine Uhr.

Wie bist du entstanden in den Zeiten?
Ich höre nur und laß dich reden.
Was warst du einmal vor Ewigkeiten?

Was wird einmal aus dir geschehen:
schon morgen oder einmal in der Zeit?
Was sagst du denen, die später dich sehen?

Wachsen

Aus dem Samen, aus der Erde,
wächst ein Korn.
Wird zum Lebensbrot und Segen,
für alle, die es teilen.

Aus der Wurzel, aus den Reben,
wächst der Wein.
In der Freude, mit dem Lachen,
ist das Traumland dir gewiß.

Aus der Ruhe, aus dem Schweigen,
wächst ein Wort.
Findet sich mit dem Widerhall
und es wird dir zum Gedicht.

Aus dem Warten, aus der Sehnsucht,
wächst die Reife.
Auch heute scheint auf dich ein Licht,
zu kaufen gibt es das nicht.

Aus dem Unheil, aus aller Not,
wächst Sicherheit.
Mit dem Schatten deiner Tränen,
scheint dir der Regenbogen.

Aus dem Zweifel, aus der Umkehr
wächst der Halt.
Ein Drachen steigt im Gegenwind,
von unten in die Höhen.

Aus den Träumen, aus der Hoffnung,
wächst ein Lied.
Nur wer an Wunder glaubt,
kann sich auch wirklich wundern.

Sommer: Kräuter

Hinführung

Vor Zeiten warf der Mensch vielleicht zufälligerweise trockene Gräser und Pflanzen in sein Feuer und stellte deren Wirkungen fest, z. B. Schläfrigkeit, Wachheit und Freude. Auch beobachtete er an den Tieren, daß sie ganz gezielt nach bestimmten Pflanzen gesucht haben, wenn sie einen gesundheitlichen Mangel hatten. Die Wirkungen mancher Pflanzen und Kräuter sind den Menschen seit Urzeiten bekannt und auch noch heute nutzen viele Menschen diese für ihre Gesundheit und das Wohlbefinden.

So wie Kaffee bei den meisten Menschen anregend wirkt und die Schaffenskraft fördert, so wirkt beispielsweise Kamille auf den Magen beruhigend und eine Arnika-Tinktur heilt bei Quetschungen mehr als manche Salbe aus der Apotheke.

Kräuter-Riechmeditation

In der Gesamtheitlichkeit aller Dinge können wir das Heil und die Heilung erfahren. Ich kann die Lindenblüten zwischen zwei Terminen schnell von einem ausgesuchten Baum holen; ich kann mir dazu aber auch einen anderen Rahmen schaffen: an einem freiem Tag, am besten in der Mittagszeit (sie sollen bei höchstem Sonnenstand geerntet werden), den ausstrahlenden Duft einfangen und genießen, weiterhin fürsorgliche Trocknung und Pflege. Auch das Schauen und Sich daran freuen sind wichtige Dinge und helfen dem Menschen zu einem seelischen und körperlichen Wohlbefinden. Sowohl das Sammeln der Kräuter kann in Gemeinschaft mit anderen geschehen, als auch eine meditative«Kräuterfeier« .

Ausgewählte Kräuter und Pflanzen werden herumgereicht. Es geht in erster Linie nicht um ein alsbaldig richtiges Erkennen. Vielmehr sollen die Düfte aufgenommen und meditiert werden.

Zum Beispiel:

Melisse, Kamille, Lindenblüte, Pfefferminze, Lavendel, Rosmarin, Thymian, Salbei, Baldrian. Auch Küchenkräuter und Gewürze können dabei sein: Dill, Petersilie, Kümmel …

Kräuter-Litanei

Wir achten und loben:
das Johanniskraut, das uns zur Wundbehandlung nützlich ist
die schweißtreibenden Lindenblüten bei Erkältungskrankheiten
die Pfefferminze, die unseren Magen stärkt
den Salbei für unsere Halsentzündungen
die Kamille, die entspannt und uns von Koliken löst
den Fenchel, der unsere Heiserkeit vertreibt
 und uns wieder Stimme gibt
die Ringelblume mit ihrer heilenden Wirkung bei Entzündungen
den Lein mit seiner verdauungsfördernden Eigenschaft
den Baldrian, der uns einen ruhigen Schlaf verleiht
den Rosmarin, der mit seiner blutversorgenden Wirkung
 Kopfschmerzen lindert
den Wermut, der die Leberfunktion stimuliert
die Mariendistel, die uns den Kater von gestern vertreibt.
den Lavendel mit seiner anregenden Wirkung
den Dill, ohne den wir nicht die geschmacksverfeinernden
 Köstlichkeiten genießen könnten
die Schafgarbe, die uns die blutreinigende Wirkung schenkt
den Thymian, der uns ein belebendes Bad ermöglicht
die Arnika mit ihrer heilenden Kraft bei Quetschungen
 und Blutergüssen

Die Seele

ist wie ein Wind,
der über die Kräuter weht,
und wie ein Tau,
der auf die Wiesen träufelt,
und wie die Regenluft,
die wachsen macht.

Genauso ströme der Mensch
ein Wohlwollen aus
auf alle, die da Sehnsucht tragen.

Ein Wind sei er, der den Elenden hilft,
ein Tau, indem er die Verlassenen tröstet
und Regenluft, indem er die Ermatteten aufrichtet
und sie mit der Liebe erfüllt
wie Hungernde, indem er ihnen
seine Seele hingibt.

Hildegard von Bingen

Ernte

Die Vögel des Himmels

Seht euch die Vögel des Himmels an: Sie säen nicht, sie ernten nicht und sammeln keine Vorräte in Scheunen; euer himmlischer Vater ernährt sie. (Mt. 6,26)

Beneidenswert, diese Vögel des Himmels:
Sie brauchen nicht säen und nicht ernten.
Der himmlische Vater sorgt einfach für sie.

Bei mir ist das anders:
Ich muß schuften und jeden Tag Ausschau halten,
daß ein wenig Kohle hereinkommt.
Daß ich ein bischen was auf der hohen Kante habe
und manchmal mit Freunden zum Essen ausgehen kann.

Letzten Winter habe ich einige Vögel beobachtet.
Frierend saßen sie auf Dachrinnen und kahlen Ästen
und suchten an den Straßenrändern vergeblich nach dem,
was vielleicht aus den Taschen der Menschen gefallen ist.

Das Eichkätzchen sammelt für später Nüsse,
der Igel legt sich einen Fettpolster zu.
Und die Bienen und Libellen versorgen
schon im Herbst die Frühjahrsbrut reichlich mit Reserven.

Auch die Vögel des Himmels säen:
wenn sie den unverdauten Samen ausstreuen.
Sie ernten noch auf abgeräumten Kornfeldern,
im täglichen Flug und scharrend im Gras.

Gebet

Schöpfer unseres Lebens:
Einmal ist die Zeit der Ernte für mich.
Jetzt säe ich und gestalte mein Leben.
Ich plane und suche nach Ergebnissen.

Einmal wirst du mir das Scheunentor öffnen
und ich trage dir meine Lebensernte entgegen.
Ich vertraue darauf, daß nicht die Ernte zählt,
sondern jedes Samenkorn, das ich ausstreute.

Kauf dir das Lied, das die Nachtigall singt

Manche träumen und glauben und denken,
daß Geld-Haben alles wär`.
Sie würden uns gerne den Himmel schenken
und haben ihn selbst nicht mehr.

Sie meinen, sie hätten schon alles,
weil jeder so leicht vergißt:
Da ist manches Wunderbare
auf der Erde, das als Ware
leider unerschwinglich ist.
Kauf dir das Lied, das die Nachtigall singt,
kauf dir, daß einer dich mag.
Kauf dir, daß am Straßenrand ein Vagabund dir winkt –
kauf das Lachen vom vergangenen Tag!
Kauf dir das Raunen des Grases im Wind –
kauf dir ein zärtliches »Du« –
kauf dir, wenn einmal das Leben verrinnt,
eine Sekunde dazu!
Kauf dir das Lied, das die Nachtigall singt –
Liebe, die treu zu dir hält.
Kauf dir das Glück, das nur Zweisamkeit bringt,
keiner auf der Welt hat so viel Geld.

aus: Mischa Mileinek »Chansons am Abend« (gekürzt), Fernsehreihe des ZDF, 1974

Erntefest

Nach den Meditationstexten kann ein kleines Erntefest folgen:

Dazu sollen alle rechtzeitig vorher aufgefordert werden, etwas mitzubringen, was sie selbst gesammelt, geerntet oder aus einer Ernte verarbeitet haben.

Zum Beispiel: Nüsse, Äpfel, Ähren, Blumen, Herbstblätter, Honig, Tomaten, Marmelade, Wein, Likör, eingelegte Gurken, selbstgebackenes Brot.

Oder etwas Selbstgemachtes: Kuchen, Gedicht, Geschichte, schön gestaltete Wurzeln, was man aus einem Urlaubsland mitgebracht hat oder was einem persönlich wichtig ist.

Alle zeigen das nacheinander und erzählen etwas von der Herkunft und welcher Bezug dazu besteht. Alles Eß- und Trinkbare wird dann in die Mitte gelegt und alle können von allem probieren, essen und trinken.

Friedenstag

Am 26. Oktober wird weltweit der »Friedenstag der Weltreligionen« begangen und am 10. Dezember ist der Tag »UNO-Charta Menschenrechte«. Es gibt noch viele Friedenstage und Anlässe im Jahr, die dazu einladen, den Frieden zu gestalten.

Ob Friede ist und gehalten wird, hängt in erster Linie vom gesprochenen Wort und von den Händen ab: Alles was wir reden und was wir tun, kann Frieden oder Unfrieden bringen.
Mit diesem Hintergrund laden wir zur Hand-Meditation ein.

Hand-Meditation

Mit den Händen machen wir jeden Tag vieles und vielgestaltiges. Mit einer Hand können wir ganz viel zum Ausdruck bringen und anderen Menschen etwas mitteilen. Manchmal werden auch mit einer Hand Bewegungen und Mitteilungen gemacht, die uns nicht oder wenig bewußt sind und in vielen Fällen laden sie zu einer Beziehung ein. Manchmal ist es auch umgekehrt. Mit den Händen wird jedenfalls viel Gutes getan und manchmal auch das Gegenteil davon.

Wir zeigen nun viele Handbewegungen und Stellungen der Hände. Ohne Worte und auch ohne Ablenkung durch eine Musik. Dazwischen lassen wir immer ein wenig Zeit, damit jede Handbewegung ganz ankommen und meditativ aufgenommen werden kann.

- die gewölbte Hand offen nach vorne halten — empfangen
- die Hand mit dem Rücken nach oben halten — behüten
- Faust machen — Kampf
- winken — begrüßen, verabschieden
- Handfläche senkrecht nach vorne halten — abweisen
- Hand nach vorne geben, mit Zeigefinder herwinken — komm zu mir

• Zeigefinger nach oben	drohen, belehren
• Zeigefinger auf jemanden deuten	anklagen
• zwischen Daumen und Zeigefinger einen Zentimeter zeigen	ganz wenig
• Zeigefinger auf jemanden richten und Daumen nach oben	du bist erledigt
• Faust machen und Daumen nach oben halten	bin dafür, gute Sache
• Faust machen und Daumen nach unten halten	bin dagegen, niedermachen
• Handfläche quer auf die Stirn legen	in die Ferne sehen
• Handflächen auf beide Augen legen	ich will nichts sehen
• Handinnenfläche gewölbt hinters Ohr legen	besser hören können
• Zeigefinger vor den Mund legen	schweigen
• Zeigefinger auf Zungenspitze tupfen	schmecken
• Mit Daumen und Zeigerfinger Nasenlöcher zuhalten	(nicht) riechen
• Handfläche an Backe halten	Schmerzen/Zahnweh
• Handfläche an Backe halten und Kopf neigen	schlafen
• beide Hände nach oben halten	ich ergebe mich
• Zeigefinger deutet auf Ringfinger	verheiratet
• beide Hände in den Schoß legen	ruhen
• rechte Hand auf das Herz legen	Treue
• Zeigefinger schräg an die Stirn legen	doof
• Zeigefinger waagrecht an die Schläfe legen	Kugel geben
• ausgestreckte Handfläche schräg an die Stirn legen	militärischer Gruß
• Hände ineinander verschränken, beide Daumen drehen	Langeweile
• Stirn massieren	Entspannung
• Hände falten	gesammelt, für Gott da sein

Mir hat gefallen

Ganz viele Bewegungen und Haltungen mit den Händen haben wir nun gesehen und betrachten können. Jetzt lautet die Frage an uns, welche der Darstellung sagt mir am meisten zu? Alle sind eingeladen, die Handhaltung mit einer oder beiden Händen einzunehmen, die am meisten gefallen hat.

Im kleineren Kreis ist es nun möglich, daß alle der Reihe nach sagen, warum ihnen diese Haltung wichtig ist. Im großen Kreis kann die Aufforderung lauten: Wer mag, kann nun seine Handhaltung allen zeigen und etwas dazu sagen.

Alternativ
Es sollen vier Aussagen gesucht werden, die für einen Frieden ganz wichtig sind. Diese werden auf Kartonstreifen geschrieben und als Kreuz ausgelegt.

Ebenso sollen vier Aussagen gefunden werden, die am meisten Unfrieden stiften. Diese ebenso auf (andersfarbige) Kartonstreifen schreiben und so legen, daß ein«Durchgestrichen« entsteht.

Nachgedanken

Ich kann viel mit meinen Händen machen:
Sie können Gutes tun und Frieden in meine Umgebung bringen.
Sie können aber auch verwirren, abweisen und drohen.

Meine Hände sind schön:
Sie gehören zu mir und ich bin froh, sie zu haben.
Ich brauche sie für so vieles in meinem Leben.

Meine Hände sind leer:
Ich selbst kann bestimmen, was ich damit mache,
ob ich sie zur Faust mache oder Frieden bringe.

St. Martin: Teilen

Am 11. November ist das Fest des Heiligen Martin. Welcher Gedanke kommt uns dabei sogleich in den Sinn? – kurze Pause – Es sind wahrscheinlich Bilder vom Teilen des Mantels und vom Laternengang der Kinder.

Das Teilen lernen ist für Kinder wichtig, aber auch für junge und größere Leute! Das Prinzip Teilen wollen wir daher in dieser Novemberzeit neu aufgreifen.

Zwei Geschichten

1. (auch spielbar) Zwei Personen setzen sich an einen Tisch. Der oder die ältere Person teilt einen Apfel in zwei ungleiche Teile, nimmt den größeren Teil und beginnt zu essen.

Die jüngere Person protestiert.

Die ältere: »Was hättest du gemacht?«

Der jüngere: »Ich hätte das größere Stück dir gegeben und mir das kleinere genommen.«

Der ältere: »Aber das hast du doch jetzt auch!«

(Heiterkeit – mögliche Anmerkungen – kurze Pause)

2. Zwei Brüder erscheinen vor Salomons Richterstuhl und bitten um einen gerechten Spruch. Er soll die väterliche Erbschaft gerecht unter ihnen verteilen. Salomo denkt lange nach, dann spricht er: »Der Ältere hat Vollmacht, aus der Erbschaft zwei Teile zu machen.«

Der Ältere lächelt, der Jüngere protestiert. Doch Salomo spricht weiter: »Dem Jüngeren gebe ich die Vollmacht, als erster seinen Teil auszuwählen«.

Der Jüngere lächelt, der Ältere denkt nach.

Pause – Musik

Teilen konkret

Ein Korb ungleicher Eßwaren wird in den Kreis gestellt. Zum Beispiel wenige Äpfel für viele Personen, großer Becher mit Joghurt, einen Mohrenkopf für 3 Personen und ähnliches.

Wer ergreift Initiative und wie wird geteilt?

Anschließend sollen alle ihre Gedanken, die sie zu Beginn und während des Essens hatten, zum Ausdruck bringen.

Abschlußtext

Bei dem Indianerstamm Lakota besaßen alle, ob sie stark oder schwach waren, die gleichen menschlichen Rechte. Jeder war verpflichtet, das Recht des anderen auf Kleidung und Nahrung zu respektieren. Das war so selbstverständlich, wie auch der Sonnenschein, die reine Luft und der Regen allen gemeinsam gehörten.

(Aus: Käthe Recheis, Hg., Freundschaft mit der Erde, Der indianische Weg, Herder, 1985)

Nikolaus: Wünschen und Geben

Besonders den Kindern wird gerne die Legende vom heiligen Nikolaus erzählt, der immer geholfen und gegeben hat, wenn die Menschen in Not waren und sich ein Leben ohne Not und in Würde gewünscht haben.

Alle Menschen haben Wünsche. Nicht nur die Kinder! Die Wünsche der großen Leute sind allerdings meistens nicht so leicht und schnell zu befriedigen wie jene der Heranwachsenden.

Träume

Manchmal träume ich davon, ein Schloßgut zu besitzen
und Geld wie Heu.
Im großen Stil und Pomp die Parties feiern
und umschwärmt und angetörnt zu werden.

Manchmal male ich mir aus, von überall und vom Besten
nur zu nippen.
Im Yachtclub sitzen, in Villen wohnen und angepowert
durch die Straßen gehn.

Manchmal spiele ich mit dem Gedanken, die Macht zu haben,
dies und das zu ändern.
Was mich stört an mir und auch an andern;
wie schön könnte dann das Leben sein.

Manchmal nehme ich mir vor:
daß ich den Kleinkram nicht mehr wichtig nehme.
Freiweg sagen, was ich will und was nicht,
bei den dicksten Brocken einfach drüber stehn.

Manchmal sinne ich darüber nach, was mir im Leben
wirklich wichtig ist.
Was ich wahrlich brauche, was mir weiterhilft
und wie ich eine Spur zum guten Leben finde.

Manchmal denke ich daran wie schön es wär',
in aller Einfalt nur zu leben.
Einfach leben ohne Müssen, ohne Hetze,
selbst mit mir zufrieden und mit dieser Welt.

Wirklich gut

1.
Gestern habe ich geträumt
von Modesachen und Florentinerhut. In besseren Kreisen zu verkehren, cool mit einem Ferrari heran zu brausen.

• Heute habe ich gelernt,
daß man auch noch etwas anderes bewundern kann.
Zum Beispiel Iris, an der Kasse an unserem Supermarkt:
Immer freundlich sein,
den frechen Blicken widerstehen.
Registrieren, tippen, Rückgeld richtig geben
und Geduld zeigen bei Umständlichkeiten.
Nerven nicht verlieren, wenn der Andrang groß,
denn die dahinter stehen, zählen die Sekunden.
Immer wieder »Danke« sagen und »Auf Wiedersehen«
und das so stundenlang den lieben langen Tag.

Hallo Iris, dich bewundere ich!

2.
Gestern habe ich gejohlt
und mit geklatscht, als unser Spitzenmann im Elfmeter
das entscheidende Tor schoß.

• Doch heute traf ich Oliver:
Wartend auf den Bus, triefend naß mit Parker:
Dritte Klasse, schweren Schulpack schleppend.
Hausaufgaben machen, Hefteintrag.
Auswendig lernen, die Noten müssen stimmen.
Der Große von nebenan will erpressen
und Faustrecht auf dem Nachhauseweg.
Von den Lehrern ganz zu schweigen.

Hallo Oliver, du machst dich wirklich gut!

3.
Gestern habe ich gefordert
daß Frauen im Berufsleben mehr Anerkennung bekommen.

• Doch heute bin ich einer Frau begegnet:
die ihren guten Job aufgab
für zwei Kinder, die eine Mutter brauchen.
Sie überlegten wirklich auch zunächst,
ob er oder sie und wer wann den Job aufgibt.
Doch dann hat sie es angenommen:
Zeit haben, spielen, bei Hausaufgaben helfen.
Gelassen bleiben, wenn sie durch das Haus toben.
Arztbesuch, Geigenstunde zweimal in der Woche
und den Haushalt obendrein.

Hallo junge Frau, das finde ich wirklich gut!

Wünsche, die erfüllt werden

Alle können oder sollen in ein paar Minuten nachdenken, von wem sie etwas aus unserem Kreis geschenkt bekommen wollen. Dabei könnte besonders das im Vordergrund stehen, was im zwischenmenschlichen Bereich möglich ist, wie ein gemeinsamer Spaziergang, eine Massage. Oder auf gegebene Fähigkeiten eingehen, wie zum Beispiel ein Bild malen oder in ein neues Computerprogramm einführen lassen.

Nach der Überlegungszeit sollen die Wünsche ausgesprochen werden und in dieser Situation kann auch abgewogen werden, ob man diesen Wunsch erfüllen kann oder will.

Holt nun euere Wünsche her und seid dabei besonders originell und behutsam!

Einladung

Nikolaus,
komm in unser schönes Haus.
Zieh' an das Kleid, steck an den Ring,
des Christen frohe Kunde bring'!

Nikolaus,
bleib' nicht drauß`.
Bring' auch mit, was wir brauchen:
Friede, Freude, süße Sachen.

Nikolaus,
fordere auch uns heraus:
Zum Lieben und zu Geben,
für alle ein gutes Leben.

Weihnachten: Stern

Eine Krippenform wird aufgestellt

(zwei Latten kreuzförmig zusammennageln und mit einer Vierteldrehung aufstellen bzw. auf den Boden legen. = Krippe)

Eine Krippe, wie wir sie alle kennen. Sie ist Symbol für Geburt und Weihnachten und alles, was uns an das Kommen von Jesus in diese Welt erinnert. Ich ordne daher symbolisch jedem Ende der Krippe etwas zu: (evtl. kleine Bilder auflegen)

Maria und Josef (Ende oben links)

alle Menschen, die zu ihm kommen (Ende oben rechts)

alle Tiere, die vielleicht in dieser Herberge waren und alle anderen Tiere (Ende unten links)

alle Pflanzen, auch Heu und was aus Pflanzen entsteht, z.B. Weihrauch (Ende unten rechts)

Lied *(nach der bekannten Melodie)*

Kommet ihr Kinder, ihr Männer und Fraun.
Kommet, die göttliche Krippe zu schau'n.
Christus der Herr wird wieder geboren,
den Gott zum Retter uns hat erkoren.
Freuet euch sehr!

Kreuz

(Eine zweite Krippe wird aufgestellt / aufgelegt und dann um eine Vierteldrehung gekippt: = Kreuz)

Eine Krippe wird oft gekippt: dem Leben wird arg zugesetzt oder es wird sogar vernichtet. Es gibt genug Kreuze auf der Welt. Das Kreuz ist uns aber auch Symbol für das Allumfassende im Kosmos. Ich ordne daher jedem Endpunkt des Kreuzes symbolisch etwas zu (evtl. Bilder auflegen):

unten: Erde; oben: Gott; links: das Weibliche, rechts : das Männliche

Stern

(das Kreuz wird auf die Krippe gelegt, so daß ein Stern entsteht)

Wenn die Krippe und das Kreuz zusammengelegt werden, so entsteht ein Stern.

Ohne Krippe gäbe es kein Kreuz, ohne Kreuz keine Erlösung.

Der Stern ist Symbol für das die Finsternis durchdringende geistige Licht

Lied

(nach der bekannten Melodie)

Kommet ihr Kinder, ihr Männer und Fraun.
Kommet, den Retter der Menschen zu schaun.
Lasset uns sehen, all diese Leute,
Tiere, Pflanzen, Bäume und dich.

Lichtaktion

Wir legen Lichter auf die Balken.
Wer mag, kann auch etwas dazu sagen:
Alles, was für uns ein Stern ist.
Wo habe ich einen Stern erlebt?

Lied:

Mache dich auf, und werde Licht

Abschlußtext

Ich suche einen Stern,
einen Stern für meine Schattenseiten.
Einen Stern wie den von Betlehem,
der mich führt zu einem Ziel.

Ich brauche einen Stern,
für die Wege meines Lebens.

Wenn es dunkel wird und auch am Morgen
und wenn ich nicht mehr weiter weiß.

Ich sehe einen Stern,
er leuchtet sonnenklar für mich.
Manchmal greifbar nah und dann so fern,
wann wirst du endlich ganz bei mir sein?

Ich warte auf meinen Stern,
einen Stern nicht nur aus Schein.
Einen Stern mit einem klarem Licht,
ganz tief in mir soll er dann sein.

III Themen

Im Miteinander

Es war einmal

ein Hotel auf Mallorca. Viele Leute verbrachten dort ihren Urlaub und auch Kinder waren dabei. Ein deutscher Reisender fühlte sich dort mit seiner Freundin durch die Manieren der Kinder zu Tisch und durch den Lärm, den sie tagsüber verursachten, gestört. Mit einem rechtskräftigen Urteil wurde seine Klage beim Landgericht Kleve zurückgewiesen. Begründung: Man kann nicht erwarten, daß sich Kinder in einem Ferienhotel stets ruhig und gesittet verhalten.

Für ein gutes Miteinander im Neuen Jahr

Du neues Jahr sei ein Jahr des Lichtes,
der Liebe und des Schaffens!
Bringe den Menschen die Krone des Lebens
und lasse die Kronen dieses Lebens menschlich sein.
Setze dem Überfluß Grenzen,
und lasse die Grenzen überflüssig werden.
Gib allem Glauben seine Freiheit,
und mach die Freiheit zum Glauben aller.
Nimm den Ehefrauen das letzte Wort,
und erinnere die Ehemänner dagegen an ihr erstes.
Lasse die Leute kein falsches Geld machen,
aber auch das Geld keine falschen Leute.
Gib den Regierungen ein besseres Deutsch
und den Deutschen bessere Regierungen.
Schenke unseren Freunden mehr Wahrheit
und der Wahrheit mehr Freunde.
Gib den Gutgesinnten eine gute Gesinnung,
lasse die Wissenschaft Wissen schaffen.

Bessere solche Beamten, die wohl feil, aber nicht wohlfeil,
und wohl tätig, aber nicht wohltätig sind,
und lasse die, die rechtschaffen sind, auch recht schaffen.
Lasse uns nicht vergessen, daß wir alle von Gottes Gnaden sind
und daß alle allerhöchsten Menschen Demokraten waren.
Gibt unserem Verstand Herz und unserem Herzen Verstand,
auf daß unsere Seele schon hier selig wird.
Sorge dafür, daß alle in den Himmel kommen -
aber noch lange nicht!
(aus der Bergischen Volkszeitung von 1864)

Vor der Wahl

Zehn Merksätze, wie es nicht sein soll:
Der Präsident präsentiert
Der Kanzler kanzelt die Presseleute runter
Der Minister ministriert der Wirtschaft
Die Senatoren sanieren sich
Die Abgeordneten ordnen sich den Wählern unter
Die Lobbyisten loben ihre Listen
Die Monarchisten trotzen den Dialogisten
Die Chefs scheffeln
Das Volk folgt.

JedeR WählerIn hat eine Stimme
und gibt diese am Wahltag ab.

Tag der Liebe

Es gibt viele Tage der Liebe: Hochzeit, Hochzeitstag,
100 Tage Zusammensein ...
Einen Tag haben alle gemeinsam: den Valentinstag. Statt Blumen:

Wann habe ich zum letzten Mal zu dir gesagt,
daß ich dich mag?
Daß ich froh bin, dich zu haben,
wenn ich traurig bin und für meine Fragen.

Wann habe ich zum letzten Mal zu dir gesagt,
daß du schön bist?
Daß deine Augen leuchten, glänzen,
wenn dir wieder einmal etwas neu gelingt.

Wann habe ich zum letzten Mal zu dir gesagt,
daß du achtsam bist?
Daß du oftmals sogleich siehst, was fehlt,
was andere brauchen. Das mag ich an dir.

Wann habe ich dir zum letzten Mal gesagt,
daß ich dich brauche?
Daß ohne dich mein Leben einsam wär',
Noch viele Jahre mit dir, das wünsch' ich mir.

Lebensfreude *(nach Kohelet 9, 7-9)*

Iß jeden Tag mit Freude dein Brot
und genieße deinen Wein.
Gott mag frohe Menschen.

Zieh dir jeden Tag etwas Frisches an
und salbe deinen Leib mit Öl.
Gott mag es, wenn du duftest.

Du Frau, schwelge in der Liebe!
Und du Mann, erfreue dich der Frau, die du liebst.
Gott selbst ist die Liebe.

Spüre alle Tage deines Lebens
den Windhauch in der Zeit.
Unter seiner Sonne
hat ihn dir Gott geschenkt.

Trauungslied

Vertraut bist du geworden,
mit ihr, mit ihm, mit Gott.

Gott bewahret euere Liebe
an allen Tagen eueres Miteinanders.

- Segen sei mit eueren Kindern,
Treue Freunde und mit allen Menschen Frieden

- Seid Zeugen für die Liebe Gottes;
geboren für das Reich, am Ende uns're Zeit.

- Alle, die ihr hier versammelt seid,
soll segnen nun Gott Vater, Sohn und heil'ger Geist.

Vertraut bist du geworden,
mit ihr, mit ihm, mit Gott.

So rund und ohne Ende

Einen Ring will ich dir schenken:
einfach, schlicht und ohne Diamant.
Er soll für dein Leben glänzen,
wie ein Sonnenstrahl an deiner Hand.

So rund und ohne Ende dieser Ring,
Sinn und Zeichen uns, ein Bild.
Daß sie gleich und gleich uns beiden sind,
sich unser Traum vom Leben füllt.

Du bist ein Stern für mich

Du bist
ein Stern für mich,
weil du immer sagst, was du auch meinst.
Nicht Schmeichelei, nicht hinten rum.
Auch mal deutlich, wenn es sein muß, einfühlsam
und manchmal schweigst du auch nur.

Du bist ein Stern für mich,
weil du mir immer Mut zusprichst;
Als ich neulich nur mehr heulen konnte,
hast du mir ein Taschentuch gebracht
und mir dann zärtlich ins Gesicht geschaut.

Du bist ein Stern für mich,
weil ich mich bei dir angenommen weiß.
Wenn ich Blödsinn rede, albern bin,
oder wie neulich hab ich Mist gebaut –
du kamst und hast mich mitgenommen.

Du bist ein Stern für mich,
weil du kritisch bist und wache Augen hast:
Was sein muß für die Menschen und die Welt –
du redest nicht, packst einfach an!
Das alles habe ich von dir gelernt.

Du bist ein Stern für mich,
weil mit dir der Himmel heller wird.
Du bist da, wenn ich dich brauche;
du lachst und tanzt mit deiner Eigenart.
Bitte strahle auch noch morgen!

Ich wart auf dich

Du sollst nie mehr wiederkommen,
habe ich zu dir gesagt:
Laß mich in Ruhe, scher dich fort,
ich will dich nicht mehr sehen!

Niemand weiß es, unbeschreiblich
wie sehr ich seitdem warte.
Bei jedem Anruf hoffe ich
und täglich, wenn Post ankommt.

Doch beharrlich blieb dein Schweigen
und du kamst nicht mehr zurück.
Gerne würde ich dir sagen:
Ich warte ja nur auf dich.

Texte zum Weiterdenken

Zu Bäumen, die keine Frucht tragen, führt kein Pfad.
AUS OSTAFRIKA

Wenn du willst, daß man dich achte, so achte vor allem dich selbst; nur dadurch, nur durch Selbstachtung, zwingst zu auch andere, dich zu achten.
FJODOR M. DOSTOJEWSKIJ

Der kürzeste Weg zwischen zwei Menschen ist ein Lächeln.
HENRY SOKAL

Es gibt keine neuen Richtungen, es gibt nur eine: von Mensch zu Mensch.
STANISLAW J. LEC

Miteinander essen

Es ist schöner, mit anderen gemeinsam zu essen: Beim Frühstück, wenn abends alle beisammen sind, am Sonntag, wenn wir zum Essen ausgehen. Dann sind nur die Menschen im Kreis wichtig und das (hoffentlich!) gute Essen.

- Denk-mal vor dem Essen

Wenn du ißt, iß nicht allein:
Essen kann Gemeinschaft sein.

Wenn du trinkst, dann denk daran,
stoß auch mit anderen an!

Schau in sein Gesicht
und vergiß das Teilen nicht.

Tischkanon 1
Für alle ist der Tisch gedeckt:
Für dich und mich
und er ist mit dabei.

Tischkanon 2
Gemeinsam trinken, essen.
Laß uns deine Liebe nicht vergessen.

Tischkanon 3
Dir Gott aller guter Gaben
wir mit Freude Danke sagen.

Suchen

Es war einmal eine junge Frau, die von Zuhause aufbrechen wollte und nach dem Abitur reif für die Insel war. Sie besorgte sich ein Ticket, um mit der nächsten Fähre auf die große Insel im Westen zu kommen. Dann verabschiedete sie sich von ihren Eltern und Bekannten und per Autostop wollte sie zum Abfahrtsort der Fähre kommen.

In Sorge nahm der Vater das nächste Flugzeug, um seine Tochter an der einzigen Fähre dieser großen Insel empfangen zu können. Doch er wartete vergebens. Seine Tochter kam auch in den darauffolgenden Tagen nicht an.

Erst nach Wochen erfuhren die Eltern, daß ihre Tochter auf dem Weg zur Fähre einen«Aussteiger« kennen gelernt hat, mit dem sie dann auf einem selbstgebauten Boot und über viele Umwege zur Insel kamen und bei der Ankunft auch nicht den Anlegesteg der Fähre wählten.

Wegweiser

1.

Alle haben es gemeint und auch gesagt:
Laß davon die Finger, das geht nicht gut!
Ich habe nicht darauf gehört
und man hat mich heimlich ausgelacht.

Ich wollte nicht die alten Trampelpfade gehen
zu einem Ziel, das schon alle kennen.
Seht ihr lieben Leute, es war doch richtig!
Verstohlen haben mir auch manche gratuliert.

Darum will ich nicht mehr tun, was andere denken,
immer nur auf meine Stimme hören.
Denn die Leute reden viel und wollen nur mein Bestes,
doch mein Bestes, nein das kriegt ihr nicht!

2.
Alle haben es gemeint und auch gesagt:
Laß davon die Finger, das geht nicht gut!
Ich hab' das alles in den Wind geschlagen
und ganz offen über sie gelacht.

Mir selbst wollt ich beweisen und auch euch,
daß zu holprig sind die eingefahrenen Wege.
Auf glatter Fläche bin ich ausgerutscht.
Es war einfach Pech, ihr seht es doch!

Künftig will ich manches überdenken,
was die Leute meinen und dann abwägen.
Ich weiß, ihr alle wollt ja nur mein Bestes,
Und das will ich letztendlich auch für mich.

Wünsche

Ich möchte so gerne sein ein Weg,
aus der Verlorenheit zum Ziel.
Pfad und Steg und auch Kreuzungen.
Mit dir zusammen komm' ich an!

Ich möchte gerne sein 'ne Blume,
aus der Wurzel treiben Blüten.
Eine Blume, mit Duft und Tau.
Diesen Morgen schenke ich dir.

Ich möchte so gerne sein ein Traum,
aus der Sinnlichkeit zur Freude.
Ein Traum, der wird zur Wirklichkeit,
wenn ich erwache aus dem Schlaf.

Ich möchte' gerne sein ein Engel,
aus der Kälte hin zum Feuer.
Ein Engel, der die Botschaft bringt:
am Himmel wächst das Morgenrot.

Impuls zum Thema

Es kommt wahrscheinlich nicht darauf an, ob jemand sich fleischlos ernährt oder anders. Vielmehr kommt es darauf an, auf der Suche nach der richtigen Lebensgestaltung zu sein und dann hinter einer gefundenen zu stehen.

Es gibt Leute, die absolute Alkoholgegner sind, aber eine Zigarette nach der anderen rauchen. Es gibt Leute, die alle zur Verfügung stehende Zeit für die Pflege eines Pferdes einsetzen und eigene Körperpflege und Kleidung vernachlässigen.

Alle diese Menschen haben Ziele und etwas, was ihnen wichtig ist. Wer etwas sucht und das richtige gefunden, hat schon gewonnen!

Anfragen

Was bleibt mir für mein Leben
nach einem Arbeitstag:
satt werden, ein Bett und ein Traum,
ändern wird sich das morgen kaum!

Was bleibt mir für mein Leben
nach einem Urlaubstag?
weiter schuften, Kohle machen,
da gibt es nicht viel zum Lachen.

Was bleibt mir für mein Leben
nach dem Weihnachtsfest?
Geschenke sind dann ausgetauscht.
Ob man das alles wirklich braucht?
Viel bleibt mir für mein Leben
weil wir zusammen sind.
Mit dir kann ich überdauern
und dem rauhen Leben trauen.

Wo wohnt Gott?

» Nur dort« , meinte eine ältere Dame,«wo man ihn einläßt!« Und sie fügte hinzu:«Wie kann Gott in einem Menschen wohnen, wenn dieser nicht an ihn glaubt?«

Ein junger Mann versuchte es mit einem Gegenargument: Jeder Mensch trägt Krebszellen in sich und diese können sich nur bei besonderen Umständen ausbreiten. Aber sie sind vorhanden, auch wenn ein Mensch noch so gesund und diese nicht wirksam werden können.

Heute abend sah ich im Fernsehen einen Mann, der eine Geisel genommen hatte. Er wurde von den Journalisten nach dem Beruf gefragt und er gab«Verbrecher« an. Er fügte hinzu:«Ich lehne das Gute ab, ich will nur Gewalt und Verbrechen.«

Niemand würde glauben, daß in diesem Menschen nicht ein Fünckchen Anstand und auch etwas Gutes verborgen ist. Nicht nur dort, wo man ihn einläßt, wohnt Gott, sondern überall, wo, wenn auch noch so verborgen, das Gute ist. Also auch in diesem Verbrecher wohnt das Gute, auch wenn er es ablehnt.

Allein im Zimmer

Allein im Zimmer
und ein kleiner Ton.
Leise kommt er in die Stille
und ein Lied erwacht in mir.

Allein im Zimmer
und ein kleines Licht.
Es erhellt die trübe Kammer
und ein Feuer brennt in mir.

Allein im Zimmer
und ein kleines Wort.
Aus dem Nichts wird es lebendig
und ein Geist regt sich in mir.

Allein im Zimmer
in Verlorenheit.
Verlorenes ist gefunden
und Kraft zum neuen Morgen.

Geheimnisse

Eine Stimme habe ich gehört;
ich weiß nicht, woher sie kam.
Eine Stimme wie des Rufers in der Wüste,
sie läßt mich nicht mehr los, es ist kein Traum.

Ein Bild habe ich gesehen,
es kam von irgendwo und sprach mich an.
Ein Abbild wie aus Hauch und Ton geschaffen.
Immer wieder kommt es und entschwindet dann.

Ein Duft hat mich erreicht:
er könnte sein vom Garten Eden.
Es ist kein Duft, nein nicht von dieser Welt,
ich kann ihn auch wirklich nicht beschreiben.

Diese drei geheimnisvollen Sachen:
das Bild, die Stimme und den Duft
habe ich eingeschlossen in mein Herz.
Niemand kann sie mir mehr nehmen.

Arbeitssuche

1 500 Bewerbungen für einen Ingeneur-Posten
150 kommen in die engere Wahl
50 werden zum Gespräch eingeladen
20 werden in einem Workshop getestet
2 werden ausgewählt

Einer davon kommt am ersten Arbeitstag eine Viertelstunde zu spät. Seine Begründung:«Ich habe in der Bahnhofsbücherei noch nach einem Buch zum Berufsanfang gesucht.«

Sehnsucht

Was ist bloß mit mir los?
Es ist die Sehnsucht nach dem Paradies,
das der Mensch irgendwann einmal verließ.

Warum ist es mir so wichtig,
daß der Wald nicht stirbt und der Fluß,
daß ich nicht auf verbrannter Erde leben muß?

Ich buhle jeden Tag,
nach ein wenig Lob und Aufmerksamkeit.
Doch damit komme ich nicht sehr weit.

Ich will in meinem Leben,
selbst mich finden und was wirklich zählt.
Eins sein mit mir und der ganzen Welt.

Was ist bloß mit mir los?
Ich suche mich und nicht nur dies
sondern auch das verlorene Paradies.

Die Antwort weiß ganz allein der Wind

Kann mir jemand sagen,
wie man Gewaltverbrecher bekehrt?
Wie man Kindesmißhandlung verhindert
und die unverbesserlichen Sektierer belehrt?

Kann mir jemand erklären,
ob man einmal das Ozonloch kann flicken?
Wer soll den Atommüll sicher entsorgen
und Umweltverschmutzer in die Wüste schicken?

Kann mir jemand verraten
wie man kaputte Ehen kann heilen?
Wie soll man Kriege und Katastrophen verhindern
was tun, daß die Reichen mit den Hungrigen teilen?

Kann mir jemand den Lebenssinn nennen?
Warum ich da bin, was soll ich erreichen?
Woher ich komme und einmal sein werde?
Wer gibt mir Antwort oder wenigstens ein Zeichen?

Ich höre den Klang von nebenan:
Die Antwort weiß ganz allein der Wind!

• Hallo Wind,
wenn du die Antwort wirklich weißt,
warum gibst du sie dann nicht preis?
Hat dich dein Gebieter zum Schweigen verpflichtet
oder hat man dir umsonst Weisheit zugedichtet?

Großer gescheiter Wind,
Weltenhülle, Ozean oder meinetwegen auch
pfingstliches Sturmesbrausen, aufsteigender Rauch:
Spuck aus deine Weisheit uns Menschen auf Erden
und laß uns der Antworten teilhaftig werden!
Du zärtlicher Wind
einmal den fragenden Menschen gegeben
durch Mauern hindurch in Zeichen und Reden:
»Mit meinem Hauch empfanget den Geist.«
Von wegen, daß du nun alle Antworten weißt!

Schöpfung

Es waren einmal zwei Brüder. Der eine hatte viele Felder, die er von der Wildnis zur Monokultur machte und auch guten Gewinn. Von seinen Erträgen gab er reichlich den Verwandten und Armen des Landes ab. Der andere Bruder war Hirte und zog mit dem Vieh von Tal zu Tal und ließ das abgrasen, was die Natur gerade hatte. Als das Fest angesagt war, brachte er die Gaben und alle nahmen sie dankbar an. Die Gaben des Bauern aus seiner Kulturlandschaft jedoch fanden wenig Gefallen. Niemand sprach es aus, aber nicht wenige aus der Sippe sahen in den Produkten des Seßhaften ein Zeichen göttlichen Protestes gegen die Umweltzerstörung.

Den Bauern ärgerte es, daß sein Opfer nicht angenommen wurde. Er lockte seinen Bruder auf das Feld und dort erschlug er ihn.
(nach 1. Buch Mose, 4 ff)

Doch bis morgen ist noch Zeit

Chor zieht ein, rezitiert die »Zukunft«

1. Sprecher, Raum hinten links
Wenn sich bis morgen nichts verändert,
sagen wir bis zum Morgenrot,
bleibt von dieser Nacht nur schönes Reden.
Wenn du nicht aufstehst, herum dich drehst
geht in Zukunft gar nichts rund.
Doch bis morgen ist noch Zeit.

Chor:
Doch bis morgen ist noch Zeit – ist noch Zeit – noch Zeit –
Zeit, Zeit, Zeit, Zeit, Zeit, Zeit.

2. Sprecher, Raum hinten rechts
Wenn sich bis nächstes Jahr nichts verändert,
sagen wir, bis nach der nächsten Wahl,
taugt unsere Luft nicht mehr zum Atmen.
Mit den Allergien lernen wir zu leben
und nur die Mediziner leben gut davon!
Doch bis nächstes Jahr ist noch Zeit.

Chor:
Doch bis nächstes Jahr ist noch Zeit – ist noch Zeit – noch Zeit,
Zeit, Zeit, Zeit, Zeit, Zeit.

1. Sprecher, Raum Mitte links
Wenn sich die nächsten Jahre nichts verändert,
sagen wir bis zum nächsten Krieg,
haben Maschinen alle Menschen arbeitslos gemacht.
Schnaps und Drogen werden uns zu Kollegen
und diese machen uns die Langeweile tot.
Doch die nächsten Jahre sind noch weit.

Chor:
Doch die nächsten Jahren – sind noch weit –
sind noch weit- noch weit, weit, weit, weit.

2. Sprecher, Raum Mitte rechts
Wenn sich im neuen Jahrtausend nichts verändert,
sagen wir, bis der Papyrus wieder blüht,
ernähren wir uns alle aus der Dose.
Reines Wasser wird es nicht mehr geben
und Atemluft kommt aus der Maske.
Doch bis dahin ist es noch sehr weit.

Chor:
Doch bis dahin ist es noch sehr weit – noch sehr weit –
sehr weit, weit, weit, weit.

1. u. 2. Sprecher gemeinsam, Raum vorne Mitte
Wenn sich in tausend Jahren nichts verändert,
sagen wir, bis der große Komet auftaucht,
sind alle Gletscher abgeschmolzen.
Die eingefrorenen Menschen werden aufgetaut
und Jesus kommt wieder in seiner Herrlichkeit.
Doch tausend Jahre sind noch weit.

Chor:
Doch tausend Jahre sind noch weit – sind noch weit –
noch weit, weit, weit, weit.
(ganz laut: Sind wir nicht ganz gescheit?)

transgene

1.

Wohin soll ich mich wenden,
wenn Not und Hunger drücken.
Wem künd' ich mein Entzücken,
wenn endlich kommt Gen-Nahrung.

Zu dir, zu dir transgene
komm ich in Freud und Leiden.
Du sendest ja Organe,
du heilest Allergie.

Doch darf ich mich nicht nahen,
die Mehrheit stimmt dagegen.
Wo doch seit jeher ist bewiesen,
ein neuer Mensch entstehet.

Mit kindlichem Vertrauen,
eil' ich in Supermärkte.
Gentechnik ist die Zukunft,
Erbarm, o Herr, dich mein.
Melodie: nach Gotteslob Nr. 870

2.
Ja, wenn der Herr einst wiederkommt,
ja, wenn geklont sind Tier und Mensch.
ja, dann laßt uns auch dabei sein
ja, mit der Seele auch vom Schwein.

Und wenn die Welt, wird wieder neu,
und wenn das Gen unsterblich macht.
Ja, dann wird's Paradies beginnen
wenn Gott der Herr einst wiederkommt.
Melodie: Traditionell

Bekanntmachungen

Auf dem Beipackzettel:	Nebenwirkungen sind nicht bekannt.
Bericht der Umweltschutzbehörde:	Die Zahlen liegen unter den Grenzwerten.
Der Arzt rät bei Cortison:	Im begrenztem Umfang zu vertreten.
Die Wirtschaftszeitung meint:	Von Elektrosmog kann keine Rede sein.
Der Chemieboß wiegelt ab:	Krebs gab es schon zu allen Zeiten.
Die Atombehörde meint:	Keine wissenschaftlichen Beweise für Leukämie.
Gespritztes Obst	Konsum völlig unbedenklich.
Verlautbarung aus dem Ministerium:	Die Bevölkerung war zu keinem Zeitpunkt in Gefahr.

Texte zum Weiterdenken

Spucke nie in einen Brunnen, denn schon im nächsten Moment kannst du genötigt sein, sein Wasser zu trinken.
RUSSISCHES SPRICHWORT

Der höhere Wert des Menschen entscheidet sich danach, ob er noch für diese Erde Hoffnungen hat, die über sein Grab hinausgehen.
Karl Gutzkow

Der Mensch muß sich darüber klar werden, daß die Waagrechte der Natur gehört und ihm nur die Senkrechte verbleibt.
Friedenreich Hundertwasser

Auch wenn ich wüßte, daß die Welt morgen zugrunde geht, würde ich heute noch einen Apfelbaum pflanzen.
Martin Luther zugeschrieben

Regenbogenland

Heute gehe ich zum Regenbogen,
das habe ich mir nun vorgenommen.
Verzogen ist das Grau und dafür,
strahlt die große Farbenpracht vor mir.

Sieben Farben trägt der Regenbogen
jede Farbe schön und mit vollem Glanz.
Zusammen sind sie im Himmel und auf Erden,
die Harmonie im Regenbogenland.

Man sagt, wer da kommt zum Regenbogen,
dem schenkt der Himmel einen Sack voll Gold.
Ich schaffe es nicht, denn immer wenn ich glaube
ihn zu fassen, ist er schon weg.

Ja ich weiß, ich kann dich nicht berühren.
Nur im Unbegreiflichen zu greifen.
Denn ich erkenne jetzt, daß du Regenbogen,
durch alle Welten Gottes reichst.

Sonnengesang – *nach dem Sonnengesang von Franz von Assisi* –

Du höchster und großer, lebendiger Gott.
Du bist uns heilig, mit dir wird alles heil.

Wir bringen dir das Lob, wir achten dich,
würdig sind wir nicht, dich zu nennen.

Lob sei dir durch unsere Schwester Sonne,
sie strahlt in großem Glanz, bringt Freude und das Leben.

Lob sei dir durch unseren Bruder Mond,
und alle Sterne, unendlich weit und groß.

Lob sei dir durch die Geschwister Luft,
Sturm und Wind, Hauch und Atem begeistern uns.

Lob sei dir durch unsere Gefährtin Wasser,
sie ist uns zugetan in Zärtlichkeit und Macht.

Lob sei dir durch unseren Freund, das Feuer,
er erhellt uns das Dunkel, leuchtet schön und treibt uns an.

Lob sei dir durch unsere Mutter Erde,
die uns nährt, Blumen bringt und viele Früchte.

Lob sei dir, weil wir Menschen auch verzeihen,
die Schwachen stützen, leiden und geduldig leben.

Lob sei dir durch den Gevatter Tod;
wenn er kommt, sind wir in Dankbarkeit bereit.

Klatscht in die Hände, bringt Beifall unserm Gott,
ihm gehört das Lob, von ihr kommt alle Kraft.

Du höchster und großer, lebendiger Gott,
Du bist uns heilig, mit dir wird alles heil.

Werte

Es waren einmal zwei Männer, die sich eine Gefängniszelle teilten. Eines Tages schauten sie aus dem Fenster. Der eine sah eine Blume und der andere regte sich über die Abgase der vorbeifahrenden Autos auf. Der eine träumte von einem neuen Leben und der andere sprach von einem verpatztem Leben. Auch das Auftreten des Wärters nahmen beide verschieden auf. Der eine erwiderte freundlich den Gruß und der andere nannte ihn einen Henkersknecht. Einmal kamen beide ins Philosofieren: Der eine meinte, wenn man aufrecht geht, dann kann man den Himmel sehen. Der andere hielt dem entgegen, daß man dabei aber leichter stolpern kann.

Mehr-Wert-Steuerung

Weniger Termine	mehr persönlicher Freiraum
weniger Kontrolle	mehr Vertrauen
weniger Energieverbrauch	mehr gesunde Umwelt
weniger Papierkram	mehr menschliche Beziehungen
weniger Schlagworte	mehr Glaubwürdigkeit
weniger Vorwürfe	mehr Entgegenkommen
weniger Vorschriften	mehr legales Handeln
weniger Besitz	mehr innere Freiheit
weniger Tabletten	mehr Widerstandsfähigkeit
weniger reden	mehr Aufmerksamkeit
weniger Hektik	mehr Gelingen
weniger Leistung	mehr Menschlichkeit
weniger Lautstärke	mehr Konzentration

•

Weniger Geist aus der Flasche	mehr Geist Jesu
weniger Asche im Becher	mehr Asche aufs Haupt

weniger überzeugen — mehr Zeugnis geben
weniger Kom-fort — mehr komm-her
weniger Reifenabtrieb — mehr Profil
weniger fern-sehen — mehr hin-sehen
weniger ver-brauchen — mehr ge-brauchen

Aufhören

Einmal habe ich mir vorgenommen,
am Sylvestertag
mit dem Rauchen aufzuhören.
Schon zwei Jahre ist das nun her.

Wieder habe ich mir vorgenommen,
am Sylvestertag
mit dem Rauchen aufzuhören.
ein ganzes Jahr ist das nun her.

Auch heuer nehme ich mir wieder vor,
am Sylvestertag
mit dem Rauchen aufzuhören.
Das krieg' ich hin im nächsten Jahr.

Es ist leicht, sich etwas vorzunehmen
am Sylvestertag.
Und einfach, wieder anzufangen
im ganzen lieben langen Jahr.

Wir trinken heute noch

Eine Hochzeit feiern sie in Saus und Braus;
die armen Schlucker aus Kana.
Und viel zu früh geht ihnen der Wein aus.

Illustriert sind die Gäste: Cousinen, Arbeitslose.
Auch ganz Betuchte sind dabei:
Zum Beispiel Gutsbesitzer und die vom Hofe.

Bei unserem Fest, wie konnte es anders sein,
da haben wir ordentlich aufgetischt.
Und schon gar nicht fehlte es am Wein.

Wir haben Durst, heute sind wir Gäste!
Wie habt ihr euch das nur vorgestellt?
Wenn euch das Geld fehlt, feiert keine Feste!

Das Feste feiern gefällt allen Menschen sehr:
Gemeinsam singen sie und lachen.
doch nicht so beim Teilen, denn das ist schwer.

Nur einer konnte hier verwandeln
die Menschen in diesem Hochzeitssaal.
Und dann begann ein neues Handeln.

Nach 2000 Jahren immer noch in seinem Namen
die Jesus-Leute sich versammeln.
Und sie lassen sich verwandeln. Amen.

Nachtrag
Hieronymus (4. Jahrhundert) wurde gefragt, was mit dem Wein geschehen ist, der bei der Hochzeit von Kana übrig blieb. Schmunzelnd antwortete dieser:«Wir trinken heute noch davon.«

Wichtig werden

Immer dann, wenn sich jemand verliebt,
    wird manches andere nicht mehr wichtig.
Dann haben die Menschen auf einmal Zeit,
    die sie vorher nie hatten.

Immer dann, wenn jemand zu einem Bier einlädt,
dann ist kein Weg zu weit.
Dann fragen die Menschen nicht mehr nach dem
Kosten-Nutzen-Effekt.

Immer dann, wenn jemand krank wird, werden Termine abgesagt.
Dann hat Gesundheit den höchsten Stellenwert.

Immer dann, wenn jemand vom gespritzem Obst einen Ausschlag
im Gesicht bekommt, wird anderes gesucht.
Dann steigt der Wert eines eigenen Apfelbaumes.

Immer dann, wenn jemand die Frage nach Gott stellt,
verblassen Worte.
Dann wird bewußt, daß es noch etwas anderes gibt als Argumente.

Immer dann, wenn ein Auto am Straßenbaum zerschellt,
werden die Sekunden wichtig.
Dann denken manche wieder nach, wieviel Zeitgewinn
ein Überholen bringt.

Immer dann, wenn ein Mensch stirbt, werden alle Menschen still.
Dann fragt man sich, was war mir dieser Mensch wohl wert.

Wort – Wert

Ich suche mir ein Wort
und dieses Wort
wiederhole ich immer wieder.
Was geschieht mit diesem Wort
in mir?

Anfragen

Welchen Wert hat
die Stimme für einen Opernsänger
die Hand für eine Geigerin
das Bein für einen Briefträger
das Auge für einen Busfahrer
die Zunge für eine Genießerin
das Ohr für einen Musikliebhaber
die Figur für ein Mannequin
das Fingerspitzengefühl für alle Menschen

Stille Nacht

Wir hatten es doch abgemacht,
auszusteigen aus dem Weihnachtsrummel
und nichts mehr uns zu schenken!
Weihnachten soll ein Fest der Liebe werden
und des trauten Zusammensein.

Doch nun liegt unterm Weihnachtsbaum
verloren ein Geschenk.
Ein kleines Etwas -
was soll das?
Ich fühl' mich auch beschämt.

Ein langes Schweigen folgte
und ein Gefühl verletzter Eitelkeit.
Dann haben blaß-unruhig Hände,
langsam und mit aller Vorsicht
die Schleife aufgeknüpft,

Und weiter war ein Schweigen.
Stille Nacht.

Wert-volle Gedanken

Wer einen angefaulten Apfel wegwirft, soll zuerst die Kerne daraus holen, um einen neuen Apfelbaum zu pflanzen.

- Ich suche immer zuerst die helle Seite einer Sache! Und wenn ich diese nicht finde, dann reibe ich die dunkle solange, bis sie glänzt.

- Viele Quellen sind mit dem Flußlauf nicht einverstanden.

Jean Cocteau

- Daß Unkraut im Kornfeld wächst, ist nicht schlimm. Schlimm ist es erst, wenn weder Korn noch Unkraut wachsen.

Aus Rußland

- Große Feuer leuchten weit, aber die kleinen wärmen.

Karl Heinrich Waggerl

- Wirklich wichtige Menschen haben es nicht nötig, ein Handy mitzuführen.

Aktuelle Volksweisheit.

- Lebensziele:

Anfänge setzen, Unverwechselbar werden und die Welt ein wenig verändert haben, wenn man sie wieder verläßt.

Kolokowsky

- Ein Wegweiser darf nicht den Wegsuchenden auf den Buckel nehmen und zum Ziel tragen. Ein Weg-Weiser muß stehenbleiben und dem anderen zutrauen, daß er seinen Weg geht.

Bischof Bernhard Stein

- Die Blume, die über den Wolken wächst, wird niemals verdorren. Und das Lied, welches die Morgenröte singt, wird niemals vergehen.

Khalil Gibran

Verhalten

Es war einmal im Gefangenenlager in Sibirien. Die deutschen Kriegsgefangenen litten nicht nur an Hunger und Verelendung, sie wurden auch von den Truppen des Zaren gegen die an die Macht strebenden bolschewikischen Kampftruppen eingesetzt. Die roten Offiziere haben das auf ihre Weise genutzt: Alle übergelaufenen deutschen Soldaten wurden freundlich aufgenommen, entwaffnet und in die Heimat entlassen. Das sprach sich schnell im Lager herum und viele riskierten das. Die Truppen des Zaren erlitten dadurch eine empfindliche Dezimierung.
(nach Edwin Erich Dwinger, Zwischen Weiß und Rot, Jena 1930)

Strich

Manchmal setze ich einen Trennungs-Strich:
Stop und leider, so geht das doch nicht weiter!
Unsere Wege trennen sich.

Manchmal gebe ich mir einen An-Strich:
Übertreiben, es denen einmal zeigen.
Aber bin das auch wirklich ich?

Manchmal mache ich einen Ab-Strich:
Nicht alles haben, ohne Klagen.
Geduldig bleiben auf dem Teppich.

Manchmal setze ich einen Bei-Strich:
Ein Komma zeigen, Formen unterscheiden.
Die Pause merkt man sicherlich.

Manchmal setze ich einen Gedanken-Strich:
Innehalten, das Wichtige gestalten.
Ein guter Anstoß auch für mich.

Manchmal setze ich einen Binde-Strich:
Den Anschluß suchen und die Treue buchen.
Heute abend besuch' ich dich.

Mutprobe

Vor einer unübersichtlichen Kreuzung,
trafen sich die Nervenkitzel-Freunde.
Bei Rot und mit 60 muß gefahren werden,
sonst hat man die Probe nicht bestanden

Das Verkehrsaufkommen war gering,
jedoch man weiß ja wirklich nie.
Sie sagten: »Das mußt du schon riskieren!
Alle anderen haben das schon ausprobiert!«

Ein Ausweichmanöver und dann ein Knall,
ein dunkler Golf brannte lichterloh.
Beherzt zog der junge Mopedfahrer,
einen Menschen aus dem Autowrack.

Ja, er hatte wirklich Mut!

Wenn es darauf ankommt

Wenn es darauf ankommt –
obgleich die StVO mir bekannt.
fahre ich mit 70 km/Std. durch den Ort.

Wenn es darauf ankommt –
obgleich ansonsten umweltbewußt:
kauf' ich ein in Wegwerfsachen.

Wenn es darauf ankommt –
obgleich sensibel zwischenmenschlich:
rede ich gehörig, wenn der andere es nicht hört.

Wenn es darauf ankommt –
obgleich mich als Atheist bezeichnend:
fluche ich in Begriffen, die den Christen heilig.

Wenn es darauf ankommt –
obgleich in Grenzwerten gut betraut:
trinke ich, solang' die Feier dauert.

Wenn es darauf ankommt –
obwohl ansonsten recht bescheiden:
schiele ich nach Lob und Rampenlicht.

Wenn es darauf ankommt –
obwohl appetitlich sehr empfindlich:
verwende ich das Trinkglas für die Kippen.

Wenn es darauf ankommt –
obwohl das Kapital nicht wichtig:
trachte ich nach Moneten und Besitz.

Wenn es darauf ankommt –
obwohl mein Lebensende mir bewußt:
richte ich mich ein, als könnt ich ewig leben.

Niemals nie

Ich sage niemals wieder NIE,
nicht mehr etwas brechen über«s Knie.
Es kann sich später anders ergeben
und ein NIE müßte ich dann anders sehen.

Ich sage JA im Hier und Jetzt
und ein NEIN, wenn es nicht verletzt.
Doch werd' ich stets ein NIE vermeiden,
in meinem Heute und auch für künft'ge Zeiten.

Alles klar

Klarer Wein,
schenken wir uns gerne ein.
Jeder Gärung folgt die Klärung
ein frohes Prost darum!

Wasser klar und rein,
soll es sein.
Wer die frischen Bäche trübt,
mir auch faules Wasser gibt.

Klares Reden
wir so gerne mögen.
wer sich in Spott verhüllt,
nur alten Schutt aufwühlt.

Neue Redensarten

Wenn jemand sagt: Willst du nicht mein Bruder sein,
dann schlage ich dir den Schädel ein.
Dann bringe diese neue Idee:
Wenn du ihm nicht aufdrängst deinen Willen,
dann brauchst du ihn auch nicht zu killen.

Wenn jemand sagt:
Schadenfreude ist die schönste Freude.
Dann bringe diese neue Idee:
Wer mit dem Schaden anderer leidet,
für immer ein guter Freund bleibet.

Wenn jemand sagt:
Ohne Fleiß, kein Preis.
Dann bringe diese neue Idee:
Auch mit großem Fleiß, bekommen vielen einen schlechten Preis.

Wenn jemand sagt:
Vertrauen ist gut, Kontrolle besser.
Dann bringe diese neue Idee:
Wichtiger als Kontrollen, die Menschen vertrauen sollen.

Wenn jemand sagt:
Den letzten beißen die Hunde.
Dann bringe diese neue Idee:
So sehen das viele Menschen auf Erden,
Jesus aber sagte: die letzten sollen die ersten werden.

Wenn jemand sagt:
Was Hänschen nicht lernt, lernt Hans nimmermehr.
Dann bringe diese neue Idee:
Was Hänschen nicht gelernt, packt er im Alter an vermehrt.

Wenn jemand sagt:
Der Apfel fällt nicht weit vom Stamm.
Dann bringe diese neue Idee:
Den Apfel frißt das Schwein und sein Kern wird zur Saat
irgendwo im Garten sein.

Wenn jemand sagt:
Am Abend wird der Faule fleißig.
Dann bringe diese neue Idee:
Wer fleißig war am Morgen, dem plagen am Abend andere Sorgen.

Wenn jemand sagt:
Heiliger Florian, verschone unser Haus, zünde andere an.
Dann bringe diese neue Idee:
Längst tot ist der heilige Florian, hoffentlich zünden wir
Lebenden nicht die Häuser anderer an!

Es stimmt nicht

daß alle Politiker viel versprechen und nichts halten
daß die Homosexuellen mehr aidsgefährdet sind
daß alle, die mit einem Stock gehen, behindert sind
daß alle, die in die Kirche rennen, hernach die Leute ausrichten
daß es zu Ostern weiß ist, wenn es zu Weihnachten grün ist
daß alle Porschefahrer keine Biowaren kaufen
daß die Zigeuner das Stehlen im Blut haben
daß Kritiker es zuerst selbst besser machen sollen
daß man nicht mitreden darf, wenn man keine Erfahrung hat
daß Minirockträgerinnen nur die Männer anmachen wollen
daß man dem nie wieder glaubt, der einmal lügt,
daß kahlgeschorene Jungs rechts sind
daß alles stimmt

Schweigen

Ich rede manches, und nicht wenig
ist meistens von mir eingefärbt.
Ich beurteile und was gängig,
die Gerüchteküche sich vermehrt.

Ich will niemanden damit schaden;
rede gar oft auch nur so dahin.
Ich will auch eine Meinung haben;
anderen zeigen, daß ich wer bin.

Manchmal dann nach vielen Tagen
sieht das alles anders aus.
meine Worte dann nicht mehr tragen
und so manches liegt im Scherbenhaus.

Darum will ich öfter schweigen
im Vermuten und auch im Reden.
Dann wird das Urteil unterbleiben
und auch mehr Friede kommt ins Leben.

Hören, sehen, sagen und tun

Chor:
Ich höre nichts, ich sehe nichts, ich sage nichts,
ich unternehme nichts.

1.
Nur wenn mir zu Ohren käme,
daß sie mich gemein verleumden;
würde ich mich anmelden, sie zur Rede stellen,
Verhalten hinterfragen, sie anklagen.

Chor:
Ansonsten bin ich so frei und bleibe auch dabei:
Ich höre nichts, ich sehe nichts, ich sage nichts,
ich unternehme nichts.

2.
Nur wenn mir jemand auf die Finger schaut,
wenn ich mal nicht so pünktlich bin.
Dann werd' auch ich sie antörnen, Gras wachsen hören,
ihnen etwas zeigen, nichts verschweigen.

Chor:
Ansonsten bin ich so frei und bleibe auch dabei:
Ich höre nichts, ich sehe nichts, ich sage nichts,
ich unternehme nichts.

3.
Nur wenn die da oben viel versprechen
und hernach es ganz anders machen.
Dann sag ich ihnen frei von der Leber weg, ganz keck:
euere Märchen und Sagen, sind nicht mehr zu ertragen.

Chor:
Ansonsten bin ich so frei und bleibe auch dabei:
Ich höre nichts, ich sehe nichts, ich sage nichts,
ich unternehme nichts.

4.
Nur wenn der nette Herr von nebenan seinen Hund
vor unserem Haus das Geschäftchen machen läßt:
Dreist und unerhört, ich bin empört!
Trage diesen Hundedreck, hin zu seinem Häusereck!

Chor:
Ansonsten bin ich so frei und bleibe auch dabei:
Ich höre nichts, ich sehe nichts, ich sage nichts, ich unternehme nichts.

Im wechselnden Glück des Lebens

Geh deinen Weg ruhig – mitten in Lärm und Hast,
und wisse, welchen Frieden die Stille schenken mag.

Steh mit allen auf gutem Fuße, wenn es geht,
aber gib dich selbst nicht auf dabei.

Sage deine Wahrheit immer ruhig und klar
und höre die anderen auch an,
selbst die Unwissenden, Dummen -
sie haben auch ihre Geschichte.

Laute und zänkische Menschen meide.
Sie sind eine Plage für dein Gemüt.

Wenn du dich selbst mit anderen vergleichen willst,
wisse, daß Eitelkeit und Bitterkeit dich erwarten.
Denn es wird immer größere
und geringere Menschen geben als dich.

Freue dich an deinen Erfolgen und Plänen.
Strebe wohl danach weiterzukommen,
doch bleibe bescheiden.
Das ist ein guter Besitz
im wechselnden Glück des Lebens.

Übe dich in Vorsicht bei deinen Geschäften.
Die Welt ist voller Tricks und Betrug.
Aber werde nicht blind für das,
was dir an Tugend begegnet.
Sei du selbst – vor allem:
heuchle keine Zuneigung, wo du sie nicht spürst.
Doch denke nicht verächtlich von der Liebe,
wo sie sich wieder regt, wenn sie endet.
(irischer Segen aus dem Jahre 1692 (Desiderata))

Zweitausend Jahre

Es war einmal ein Mann, der hielt sich nicht an die guten Sitten. Von einer Prostituierten ließ er sich die Füße massieren und vor dem Essen wusch er seine Hände nicht. Er setzte sich zu jenen, die in die Isolierstation gehören und machte hoffnungslos Kranke gesund. Er stieg aus der Gesellschaft aus und hatte nicht einmal einen Platz, wo er nachts richtig schlafen konnte. Sogar mit den Landstreichern gab er sich ab und das Sonntagsgebot mißachtete er. Als er aber die Priester als Lügner und Schlangengezücht beschimpfte, sogar dem Hohen Rat die Antwort verweigerte und sich als Sohn Gottes ausgab, legte man ihn aufs Kreuz.

Es bleibt alles wie es ist

1.

Es war vor Milliarden Jahren, als diese Erde aus dem Nichts
in eine Wirklichkeit entstand.
Seit dieser Zeit dreht sich die Erde.

Es war um das Jahr Null, als Christus in diese Welt kam
und den Frieden brachte.
Seit dieser Zeit herrscht auch kein Friede!

Es war 500 Jahre davor, als Buddha die Erleuchtung fand
und die Aufhebung allen Leidens suchte.
Seit dieser Zeit ist das Leid nicht abgeschafft.

Es war im 6. Jahrhundert nach Christus, als Mohammed
als Prophet erstand und die Hingabe an Gott suchte.
Seit dieser Zeit suchen viele Menschen Gott.

Vielleicht erbarmt sich der Heilige in hundert oder tausend Jahren
den Menschen und schickt noch einmal einen Boten auf diese Erde.
In dieser langen Zeit, bleibt alles wie es ist.

2.

Es war im Jahre 1897 als Rudolf Diesel seinen Motor erfand
und dann Motoren in allen Größen gebaut wurden.
Seit dieser Zeit wird das Öl der Erde verbrannt.

Es war im Jahre 1919, als der letzte deutsche Kaiser ging
und unserem Land die Krone nahm.
Seit dieser Zeit suchen wir den starken Mann.

Es war im Jahre 1945, aus auf Hiroshima die Atombombe fiel
und 1 Million Menschen mit sich riß.
Seit dieser Zeit strahlt unsere Erde.

Es war im Jahre 1989, als man die große Mauer stürmte
und der blutgetränkte Stacheldraht verschwand.
Seit dieser Zeit herrscht grenzenlose Distanz.

Es wird sein im Jahre 3000, daß die Menschen aller Völker
sich verstehen und auch die Waffen niederlegen.
In dieser langen Zeit, bleibt alles wie es ist.

Superstar Jesus

Eine Mädchengruppe saß zusammen und irgendwie kam das Gespräch auf das Thema Wunder: Ob so etwas auch heute möglich ist, wie dieses und jenes zu erklären wäre und auch über die Wunder Jesu. Bei dem Bericht über die Brotvermehrung blieb man hängen. Und es wurde erwähnt, daß von diesem Jesus so eine Faszination ausgegangen sein muß, so daß ihm eine Menschenmenge in die Wüste folgte. Da meldete sich die 16 jährige Christine zu Wort und betonte, daß auch Mengen von jungen Leuten in die Wüste ziehen würden, wenn es dort von einer guten Rockgruppe ein Konzert gäbe. Da horchten alle in der Gruppe auf, und in Sekundenschnelle überprüfte wohl jede Teilnehmerin ihre Meinung dazu. Die Gespräche danach sind hier zusammengefaßt:

Würden diese Rockfans auch in die Wüste wandern, wenn vom Reich Gottes und der Liebe unter den Menschen die Rede wäre?

Würden die Musiker das Konzert kostenlos geben oder den Profit mit den Tausenden teilen?

Würde da auch eine kleine, unbedeutende Melodie eines unbedarften Fans zur Geltung kommen? – So wie Jesus die fünf Brote und zwei Fische eines kleinen Jungen zum Ausgangspunkt der«wunderbaren« Vorgänge nahm?

Würden da die Rockmusiker auch die Grundbedürfnisse ihrer Anhänger sehen. – So wie Jesus den Hunger der Menschen sah und liebevoll für sie sorgte?

Würde da die Rockband sich anschließend beklatschen lassen? –

Oder wie Jesus sich bescheiden und stillschweigend verkrümeln, weil ihn die Volksmenge zum König machen wollte?

Die vielen Meinungen und Hinweise wurden abgeschlossen durch den Bericht von Doris. Sie erzählte, daß sie es ab der 7. Klasse durchgesetzt hatten, daß jedeR mit jedeM das Pausenbrot teilte. Und das ging so, daß man einfach zu jemanden hinging und bat:«Darf ich beißen?« oder:«Probiere bei mir!« Es ist so, daß niemandem sein Pausenbrot allein gehört.«Wir sind eine richtig glückliche Klasse« fügte sie noch hinzu.«Stop, ein Mädchen macht da nicht mit. Aber da kann man nichts machen, das ist eben so!«

Nach dem Bericht strahlte Doris über das ganze Gesicht. Und sie betonte auch, daß es in den anderen Klassen nicht so ist.
Wunder gibt es auch heute noch!

Frauen in der Kirche

1. Bischöfin Theodora
Unweit des Vatikans,
in einer Basilika zu Rom,
die der Heiligen Praxedis
geweiht ist,
kann man das Mosaik
einer Frau betrachten.
Darunter steht:
»Theodora Episcopa«
also Bischöfin Theodora.
Das »a« von Theodora
ist halb ausgekratzt.
Der Versuch,
aus einer Frau
einen Mann zu machen!

2. Priesterin Ludmila
Weil in der Zeit
des tschechischen Kommunismus
kein Priester in die
Frauengefängnisse gelassen wurde,
weihte Untergrundbischof Felix
Ludmila zur Priesterin.
Nach der Wende
wurde sie von der Männerkirche
ignoriert
und man sprach von einer
biologischen Lösung.
Der Vatikan
nahm zu einer dpa-Anfrage
dazu keine Stellung.

Das Turiner Grabtuch

Nehmen wir an, das Turiner Grabtuch wäre echt. Es wäre wirklich das Tuch, mit dem man Jesus in das Grab gelegt hatte. Was würde das für mich als Christ bedeuten?

- Es wäre für mich ein Beweis, daß Jesus gestorben und begraben wurde. Aber über das viel wichtigere Geschehen, nämlich daß er auferstanden ist, kommt mit diesem Leinentuch nicht rüber.

- Könnte ich mit einem Gegenstand aus der Zeit Jesu eher daran glauben, daß Jesus Gottes Sohn war und meinem Leben einen Sinn geben kann?

- Wenn mir ein Totenhemd aus dem Jahre 33 wichtig wäre, warum dann auch nicht auch das Totenhemd eines KZ-Häftlings oder das T-Shirt der jungen Frau aus Kosovo, das sie trug, als sie von Soldaten vergewaltigt und ihr Kopf dann mit dem Gewehrkolben zerschmettert wurde.

- Für eine Wallfahrt nach Turin habe ich Zeit und Geld. Habe ich das auch für die ebenso sichtbaren Beweise der Aidsopfer in Afrika?

- Im Brot und Wein erfahre ich die Gegenwart Jesu! Das hat er uns aufgetragen: »Tut dies zu meinem Andenken«. Brauche ich da noch andere Andenken?

Heilen

Es war einmal ein ausgeklügeltes Gesundheitssystem im alten China. Der Arzt bekam nur sein Honorar, wenn der Kranke gesund wurde. Noch mehr: Der Arzt wurde entlassen, wenn ein Patient erkrankte. Der Arzt hatte also ein berechtigtes Interesse daran, daß sein Patient gesund blieb. Hatte der Arzt also den Eindruck, daß sein Patient etwas tut, was wahrscheinlich zur Krankheit führen wird, tat er alles zur Gesunderhaltung und dies war auch im Interesse seines Kunden.

Lachen ist gesund!

Nicht wenige Kirchenväter haben zum Ausdruck gebracht, daß es sich für Christen nicht ziemt, ausgelassen zu lachen. Mit diesem Hintergrund kann man auch verstehen, warum in den Kirchen das Lachen verpönt ist und nicht selten ernste und sogar sauertöpfische Minen anzutreffen sind.

Lachen ist spontaner und direkter Ausdruck von Lebensfreude. Auch bei einem frohen und freien Singen kann das vermutet werden. Wer herzhaft lacht, läßt den immer in uns lauernden Krankheiten keine Chance. Auch wenn kranke Menschen wieder zu lachen beginnen, dann kann davon ausgegangen werden, daß die Energie aktiviert ist, die heilt. Nicht die Medizin heilt letztlich den Menschen! Ärzte, Heiler und die Medizin können die Bedingungen dazu schaffen, aber letztlich muß sich der Mensch selbst heilen.

Krankenheilung

Was machte man in früheren Zeiten, wenn ein Mitmensch krank geworden ist? Es gab Naturheilmittel, heilkundige Menschen und auch Zauber.

Bei Jesus fällt immer wieder und sogleich auf: Er ging beispielsweise in das Haus des Petrus und berührte die Hand der Schwiegermutter von Petrus. Und weiter heißt es bei Mt. 8, 15: »und das Fieber wich von ihr«.

Diese Form der Gesundung haben die Christen bis in die heutige Zeit aufrechterhalten. Bei Jak. 5.14 heißt es: »Ist einer von euch krank? Dann rufe er die Ältesten der Gemeinde zu sich, sie sollen Gebete über ihn sprechen und ihn im Namen des Herrn mit Öl salben.« Die Berührung und die Zuwendung war die heilmachende Art Jesu und auch heutige »Heiler« betonen, daß Vertrauen, Intimität, Verantwortlichkeit und Fürsorge die Grundlage jeder Heilung ist (Ted Kaptchuk). Sie verwenden auch ein Ritual, um die Aufmerksamkeit zu konzentrieren und richten nicht selten dazu einen heiligen Raum ein (nach Rosayn Bruyere).

In unserer Zeit werden wohl immer mehr »alternative Heilmethoden« gesucht, die Heilung wird aber auch immer noch vorwiegend in Operationen, in der Medizin und Heilmitteln erwartet. Selbst die Vertreter der sog. Schulmedizin in unserem immer noch sehr mechanisch orientierten Wissenschafts- und Weltbild glauben an die Kräfte der Heilung durch zwischenmenschliche Beziehungen.

Nicht von ungefähr haben die Wörter »Heil« und »Heiligkeit« dieselbe Wurzel. Die christlich geprägte Krankensalbung ist aber oftmals nur mehr eine ritualisierte und auf Distanz bedachte Handlung und hat sich im Laufe der Jahrhunderte immer weiter davon entfernt, wie Jesus auf Kranke zuging, was er dabei sagte und tat und wie er ihre Selbstheilungskräfte aktivierte.

Übung

Wir legen beide Hände in einem Abstand von etwa einem Zentimeter auf das eigene Gesicht. Wir beobachten dann die Regungen und Vorgänge auf dem Gesicht und der Handinnenflächen.

Eine Steigerung besteht darin, daß wir vorher die Handinnenflächen einige Zeit aneinander reiben und diese dann sogleich an das Gesicht halten.

Ein sich gegenseitiges Erzählen der Erfahrungen wird eine Bereicherung sein! Wir können erfahren, wie sehr die Haut eine Verbindung zwischen außen und innen herstellt.

Aufatmen

Es ist etwas schief gelaufen
und niemand wußte auch so recht,
wie das alles wirklich kam.

Sie war auch darin verwickelt,
auch er und es, und irgendwie auch ich.
Wer hat das nur alles eingebrockt?

Es war einfach nicht mehr auszuhalten
Darum habe ich es ausgesprochen:
» Ich nehme alle Schuld auf mich.«

»Wirklich, es war so: Ich hatt' vergessen
euch das richtig mitzuteilen, deshalb ist
dieser Mist dabei herausgekommen.«

» Ich nehme alle Schuld auf mich!«
Starr haben alle vor sich hergeschaut
und dann war es lange still.

Nach einer sekundenlangen Zeit
stand jemand auf und sagte vor sich hin:
Ich versuch, das wieder hinzukriegen.

Und ein Aufatmen ging durch den Raum

Entspannung als Heilfaktor

Entspannung und das sogenannte »autogene Training« haben zum Ziel, über das vegetative Nervensystem aus Reizen und Enge, aus Programmierung und Spannung heraus zu führen. Dazu gibt es verschiedene Techniken. Eine sehr sanfte und heilende Methode besteht darin, die Entspannung mit Atmung und Licht herbeizuführen.

1. Teil

Ich sorge für eine störungsfreie Umgebung und lege mich mit dem Rücken auf eine Matte. Die Hände liegen neben dem Körper, die Füße gelöst nebeneinander.

Ich schließe die Augen und beobachte meinen Atem. Ich spüre, wie sich die Bauchdecke hebt und senkt, wie der Atem durch den ganzen Körper fließt.

2. Teil

Beim Einatmen lasse ich den Atem bis in die Zehenspitzen fließen. Ich spüre das Ausatmen bewußt und auch, wie sich Verspannungen dabei lösen. Füße liegen entspannt und schwer auf dem Boden. – öftere Wiederholung –

Ähnlich lasse ich den Atem in den Beckenbereich fließen, dann in die Wirbelsäule vom Steißbein bis zum Nacken, dann in den Kopf, in die Brust und schließlich in den ganzen Bauchbereich.

Immer versuche ich dabei nach- bzw. mitzuspüren, wie sich Entspannungen lösen, wie sich ein Körperteil fallen läßt.

3. Teil
Ich stelle mir vor, unter meinen Füßen befinde sich ein großer, dicker Schlauch, aus dem warmes weiches Licht entströmt. Dieses Licht tritt über meine Fußsohlen ein und durchzieht den Rückenbereich, entlang der Wirbelsäule, bis über den Kopf hinaus. Immer strömt neues, sanftes Licht mit angenehmen Druck nach und durchfließt meinen Körper. Ich lasse diese Lichtdurchströmung großzügig zu und genieße das Durchfließen. Der Luftstrom reinigt meinen Körper und meinen Geist.

Der Lichtstrahl über meinem Kopf nimmt nun einen Bogen, strömt neben meinem Körper zurück und fließt über die Fußsohlen wieder ein. Es entsteht ein wärmetragender Lichtbogenstrahl, der mir Energie gibt, mich entspannt und heilt.

4. Teil
Ich lasse den Lichtkreislauf abklingen und stelle mir vor, daß ich auf einem leicht mit Wellen besetzten Wasserbett liege. Die Wellen tragen mich, wiegen und schaukeln sanft meinen Körper. Ich lasse es zu, solange es mir gefällt und solange ich das will.

Die Beendigung der Entspannungsübung erfolgt durch kleine Finger- und Zehenbewegungen, dann durch ein Hin- und Herrollen des Kopfes, über ein Räkeln und langsames Zurückfinden in die übliche Bewegung.

Ton und Geist

- eine Übung mit dem Vokalen -

Wir summen: a (der Mund wird offen)
Wir summen: e (der Mund wird breit)
Wir summen: i (der Mund wird spitz)
Wir summen: o (der Mund wird rund)
Wir summen: u (der Mund wird tief)

Zum Abschluß ein bestimmtes Wort meditativ-rhythmisch singen: aum, om (hinduistisches Mantral), Kyrie, Du, Shalom, Jesum ...

Ich bin nicht abhängig

Ich bin nicht abhängig von der Zigarette!
Jederzeit könnte ich aufhören.
Ich will aber nicht aufhören.
Abhängig? – Nein, das bin ich nicht!

Jeden Tag fünf Flaschen Bier
und abends noch einen Klaren.
Das vertrage ich doch:
Alkoholiker bin ich noch lange nicht!

Sportschau, Spielfilm, Klaumauk,
so täglich vier Stunden.
Das ist für mich Erholung!
Was hat das mit Abhängigkeit zu tun?

Eine Pille am Morgen,
eine andere vor dem Essen
und eine für den guten Schlaf.
Davon wird man doch nicht abhängig!

Radiowecker! Mit der Musik aufwachen
und sie begleitet mich den ganzen Tag.
Die Automatik schaltet nach dem Einschlafen aus.
Ist das nicht Unabhängigkeit?

Weitere Bücher von Josef Griesbeck

Durchatmen!

Meditationen - Frühschichten - Wortgottesdienste

2. Auflage, 128 Seiten, Paperback

ISBN 3-451-23050-X

Eine Fülle abwechslungsreicher Vorschläge, die aus der Praxis erwachsen sind: Übungen, Hintergründe, Kurzgeschichten, Impulse, Gebete und Psalmen bilden »Bausteine«, die sich in Früh- und Spätschichten, Vespern, Bildungsveranstaltungen, Pausenmeditiationen, Schulgottesdiensten und anderen besonders gestalteten Gottesdienstfeiern einsetzen lassen. Mit vielen hilfreichen Hinweisen zur Meditation in verschiedenen Bereichen des Alltags.

Lebe dein Leben

Wortgottesdienste für Gemeinden und Gruppen

120 Seiten, Paperback

ISBN 3-451-26414-5

Dieses »Wortgottesdienstbuch« bietet den Leiterinnen und Leitern von Gemeinde- oder Gruppengottesdiensten neue Gestaltungsmöglichkeiten, Modelle und Ideen: Vielgestaltig und ideenreich, unkompliziert und ansprechend.

77 meditative Impulse

Für Schule, Gottesdienste und Gemeinde

2. Auflage, 98 Seiten, Paperback

ISBN 3-451-26096-4

»Die Kunst des Meditierens ist eine Art, wie wir mit der Wirklichkeit in Verbindung treten können. Und der Grund zum Meditieren ist die Tatsache, daß die meisten Menschen mit der Wirklichkeit nicht in Verbindung stehen« A. Watts. Auf diesem Hintergrund bieten diese siebenundsiebzig, an Symbolen orientierten Kurzmeditationen Anregungen, unseren täglichen Begegnungen, den Dingen und Geheimnissen der Welt auf den Grund zu gehen, weil alles, was ist, einen Grund und einen Namen hat.

HERDER

Lebendige Gottesdienste mit jungen Menschen

Werner Kuchar

Du nervst, guter Gott!

Ökumenische Wortgottesdienste für Jugendliche

128 Seiten, Paperback – ISBN 3-451-26655-5

Neue unverbrauchte Impulse für Gottesdienste, die bei Jugendlichen ankommen:

- weil diese selbst miteinbezogen sind bei der Planung und Durchführung,
- weil Themen und Texte einen aktuellen Bezug haben zum Leben von jungen Menschen,
- weil die Gottesdienste sich durch die Einbeziehung von Symbolen und Sinneserfahrungen auch für »unerfahrene« Kirchgänger empfehlen.

Gott ist los

Ökumenische Gottesdienste mit Schülerinnen und Schülern

Hrsg. von Regina Törnig-Grohe

170 Seiten, Paperback – ISBN 3-451-26397-1

Die hier vorgestellten zwanzig Gottesdienstmodelle wurden in Teamarbeit von Schülerinnen und Schülern der Sekundarstufe I mit ihren Lehrern erarbeitet und durchgeführt. Entstanden sind Gottesdienste, die ungemein ansprechend die Themen und Probleme der Jugendlichen aufgreifen. Gottesdienste, in denen sich die Jugendlichen wiederfinden.

Eva Bieber / Susanne Schäfer

Einer hat uns angesteckt

Neue Jugendgottesdienste

200 Seiten, Paperback – ISBN 3-451-26247-9

Eine reichhaltige und außergewöhnlich phantasievolle Sammlung von Jugendgottesdiensten. Alle Modelle sind in der Praxis entstanden und erprobt. Sie eignen sich auch als Bausteine für »normale« Gottesdienste, sowohl für Eucharistiefeiern, wie auch für priesterlose Gottesdienste oder Früh- und Spätschichten.

HERDER